일러두기

• 도서는 『 』, 신문·잡지는 《 》, 기사는 「 」, 미술·전시·음악·영화 등의 작품은 〈 〉로 표기했다.
• 인물의 원어명은 맨 처음 등장할 때 1회 병기했다.
• 외래어 한글 표기는 국립국어원 표준에 준하여 표기했다.
• 아홉칸집 작업 일지를 제외한 본문에서 특별히 표기하지 않은 사진은 모두 노경 작가의 사진이다.

코르뷔지에 넌 오늘도 행복하니

2019년 6월 25일 초판 인쇄 ✪ 2019년 7월 4일 초판 발행 ✪ 지은이 에이리가족 네임리스건축
사진 노경 에이리가족 네임리스건축 ✪ 발행인 김옥철 ✪ 주간 문지숙 ✪ 기획·책임편집 박성진
편집 서하나 ✪ 디자인 노성일 ✪ 커뮤니케이션 이지은 ✪ 영업관리 강소현 ✪ 인쇄 스크린그래픽
제책 천광인쇄사 ✪ 펴낸곳 (주)안그라픽스 우 10881 경기도 파주시 회동길 125-15
전화 031.955.7766(편집) 031.955.7755(고객서비스) ✪ 팩스 031.955.7744 ✪ 이메일 agdesign@ag.co.kr
웹사이트 www.agbook.co.kr ✪ 등록번호 제2-236(1975.7.7)

이 도서의 국립중앙도서관 출판예정도서목록(CIP)은 서지정보유통지원시스템
웹사이트(seoji.nl.go.kr)와 국가자료공동목록시스템(nl.go.kr/kolisnet)에서 이용하실 수 있습니다.
CIP제어번호: CIP2019023617

ISBN 978.89.7059.020.2 (03610)

에이리가족
네임리스건축

기획 박성진
사진 노경

코르뷔지에
넌 오늘도 행복하니

안그라픽스

삶의 예술이 펼쳐지기를

2018년 2월 네임리스건축과 함께 사이트앤페이지의 박성진 디렉터, 한양대학교 건축학과 남성택 교수가 아홉칸집을 찾았다. 그날 반려견 코르뷔지에는 현관문이 열리자마자 친숙한 네임리스건축을 향해 달려갔다. 이를 본 남성택 교수는 "이제야 코르뷔지에 선생님을 뵙는군요."라며 재치 있는 멘트를 던졌다. 박성진 디렉터는 아홉 칸의 방을 거닐다 천창 아래 놓인 바스켓 의자에 깊숙이 몸을 밀어넣으며 추운 겨울의 오후 햇살이 남아 있는 다이닝 룸에 한가로이 머물렀다. 건축을 좋아하는 사람들이 좁은 거실에 옹기종기 둘러앉아 막 내린 커피를 마시며 거실 벽면에 걸려 있던 그림 〈리베르테〉를 함께 바라보다가 레만 호숫가에 있는 르 코르뷔지에의 〈작은집〉 이야기로 옮겨갔다. 이렇게 짧았던 첫 만남은 마치 어제 일처럼 지금도 가슴 깊이 살아 숨 쉬고 있다. 남성택 교수는 아홉칸집을 이렇게 평했다.

"얼핏 이 집은 콘크리트의 폐허처럼 보인다. 그러나 검소
함에서 풍성한 '삶의 예술'이 가능하다는 것을 보여주는
작품이다."

건축, 아니 예술을 사랑하는 건축학자는 아홉칸집이 작품이
라는 걸 무엇을 보고 알았을까? 그리고 같은 해 여름, 이 책
을 기획한 박성진 디렉터는 아홉칸집의 기억을 많은 사람과
나누면 어떻겠냐며 출판을 제안했다. 지난 1년 동안 아홉칸
집에 살며 느끼고 발견한 소재를 네임리스건축과 함께 글로
써보면 어떻겠냐는 것이었다. 난생처음으로 우리의 이야기
가 책에 담겨 세상에 나온다는 상상을 하니 의욕이 솟아났
다. 무엇보다 이번 기회에 아홉칸집에 숨겨진 비밀을 네임
리스건축으로부터 듣고 싶은 마음이 컸다.

　삶과 건축의 이야기는 이렇게 시작되었다. 하지만 역시
글을 쓰는 일은 고역이었다. 나는 솔직히 글쓰기를 싫어하
지 않는다. 때때로 에세이에 가까운 짧은 글을 써서 친구들
과 나누기도 했다. 그러나 이번 글쓰기는 나만 좋다고 되는
일이 아니었다. 내가 보낸 글을 읽고 나머지 반쪽의 이야기
를 네임리스건축이 채운다. 나는 무엇을 들려줄 것인가? 누
군가의 삶에서도 비슷하게 펼쳐지고 있을 내 삶의 이야기를
솔직하게 털어놓으려고 했지만, 돌아보면 역시나 부족했다.

그렇기에 반쪽짜리에 불과한 내 글의 빈 여백에 충실히 답해준 네임리스건축에게 한없이 고맙다.

아홉칸집에 관한 글을 쓰기로 마음먹고 글을 쓰는 동안 끊임없이 생각했다. '아홉칸집의 특별함은 어디에 있을까?' 이 물음은 간단하지 않았다. 이 집은 작고 너무 소박해 누군가에는 그저 볼품없게 비춰질 것이다. 집을 이루는 아홉 개의 방은 쓰임새도 정해진 바 없고 마감도 되지 않은 채 그저 덩그러니 내던져진 덜 만든 집이기 때문이다.

이 책 『코르뷔지에 넌 오늘도 행복하니』는 그 물음에 답하기 위한 여정이었다. 끊임없이 삶의 근본을 고민하는 네임리스건축은 말한다.

"집은 물리적 실체인 동시에 물질화될 수 없는 시간과 기억을 지닌다".

이 책을 만들게 된 가장 큰 이유는 우리 모두에게 열려 있는 '삶의 예술'이 일상에서 펼쳐지기를 바라는 마음에서이다.

이제 미완의 집으로 시작해 찬란한 삶으로 채워가고 있는 아홉칸집 이야기를 시작해보려 한다.

에이리가족 고경애

이 책은 '아홉칸집'을 모두 다 짓고 난 뒤
그 집의 삶과 건축에 대해 이야기를 나누는
가족과 건축가의 이야기를 담았습니다.

에이리가족(건축주-A)과 네임리스건축(건축가-N)은
지난 1년 동안 이 집을 통해 느낀 삶과 건축 이야기를
각자의 소재와 글로 정리해 상대에게 보냈습니다.

그리고 이를 받은 다른 쪽은 그 글을 살펴며
자신의 생각을 덧붙여 교환해나갔습니다.

N 1-3

어차피
완전한 집은 없다

숲에게
말을 걸다

아홉 칸에 담긴
아흔아홉 개의 꿈

26 르 코르뷔지에	82 옥상	144 아틀리에
30 원형 천창	86 우편함	150 가구
36 햇살	92 손님	156 모형
42 아파트	98 건축가	162 마당
48 부엌	102 커피콩	166 가족나무
54 콘크리트	108 그림	170 꿈
60 거실	114 눈	176 욕실
66 3×3=9	120 숲	182 우연 하나_현장
70 돈	126 산책	186 우연 둘_우물
74 노곡리	130 블로그	192 우연 셋_둔덕

코르뷔지에
넌 오늘도 행복하니

꿈꾸는
콘크리트

가장 따뜻한
그 무엇이기를

200 반려견 코르뷔지에
206 비밀기지
212 아침 식탁
216 침실
222 여백

230 건축
234 건축주
240 감각
246 봄

254 집

Site Plan
©NAMELESS Architecture

N°1

어차피
완전한 집은 없다

르 코르뷔지에

일본에서 일하며 독학으로 유화를 그리기 시작했던 2008년 봄, 그때는 좋은 전시회 소식이 들리면 한달음에 달려갔다. 조각, 사진, 서양 미술, 공예, 생활 디자인까지. 괴로움 속에서도 그토록 가차 없이 자신의 길을 걸었던 작가들을 볼 때면 난 행복에 젖어들었다. 그 불꽃 같은 황홀함 탓에 꽤 오랫동안 미술관을 드나들었고, 내가 시간이 없으면 함께 일본에 있던 여동생이 전시도록을 사서 우편으로 보내주곤 했다.

그때 나는 분위기 좋은 카페와 서점이 있는 미야기현宮城県 센다이仙台의 한 동네를 우연히 발견하고는 그곳에 오래된 집 하나를 무작정 계약해 이사했다. 연휴에는 잔뜩 장을 봐두고 집에 처박혀 그림만 그렸다. 밖으로 나갈 때는 늘 카페 '모차르트 아틀리에モーツァルトアトリエ'를 찾았는데 그곳은 센다이를 떠나기 전까지 나의 성전聖殿이었다.

프랑스 건축가 르 코르뷔지에Le Corbusier를 알게 된 건

그로부터 2년 뒤 아유미서점あゆみ書店의 아트 북 서가에서
였다. 붉은 벽돌 건물 1층에 자리한 서점은 시내 도호쿠대
학 근처에 있었지만, 자전거 주차장 부근에 있던 오래된 느
티나무 덕에 언제나 상쾌함을 느낄 수 있었다. 그곳에서 멕
시코 건축가 루이스 바라간Luis Barragán과 미국 건축가 루
이스 칸Louis Kahn의 집을 알았다. 잡지《카사 브루투스Casa
BRUTUS》에서는 일본계 미국인 조각가 이사무 노구치Isamu
Noguchi와 미국 디자이너 찰스&레이 임스Charles & Ray Eames
를 만났고 르 코르뷔지에도《카사 브루투스》특별호「건축가
르 코르뷔지에의 교과서」에서 처음 봤다. 묵직한 잡지 한 권
에 건축과 도시 계획뿐 아니라 그림, 조각, 가구 디자인 등
여러 분야에 걸쳐 그가 남긴 크나큰 업적과 활동이 담겨 있
어 저절로 감탄이 나왔다.

르 코르뷔지에의 어머니가 100살까지 살았다는 스위스
레만Leman의 〈작은집La Petite Maison〉은 햇살, 녹음, 호수, 산
모두 집의 일부로 아름답게 펼쳐졌다. 그녀는 그곳에서 행
복한 생을 살았으리라. 이러한 생각에 언젠가 나도 그런 집
에서 살고 싶다는 꿈을 꾸었던 것 같다. 코르뷔지에가 서른
즈음에 파리에서 화가로 데뷔했다고 했던가. 국립서양미술
관에서 발행한『르 코르뷔지에와 20세기 아트Le Corbusier and

20th Century Art』를 읽고 나서 그림을 그리기 위해 건축을 했
다던 그를 사랑하지 않을 수 없었다. 코르뷔지에가 남긴 개
인적 감상들 사이를 걷다 보면 행복에 젖어 있는 나를 발견
하곤 한다.

   "모든 것은 결국 사라지고 만다. 전해지는 것은 사유思惟
   뿐이다."
그가 옳았다. 아, 이쯤에서 지금 우리와 함께 지내는 프렌치
불도그의 이름이 코르뷔지에라는 걸 밝혀야 할 것 같다. 나
는 이렇게라도 그를 기념하고 싶다.   **A**

에이리가족AeLe Family은 이메일을 통해 우리에게 처음 연락을 주었다. 간단한 가족 소개 글에는 '지금 만 두 살인 첫째 아이를 미래의 건축가로 키우고 싶은 야심 찬 꿈을 가지고 있어 키우는 강아지 이름도 코르뷔지에로 지었다.'라고 적혀 있었다. 임스 주택Eames House과 건축가 르 코르뷔지에를 좋아한다는 이메일을 받고 만나기 전부터 호감이 생겼다.

주택이 완공된 뒤 경기도 광주 노곡리를 방문하면 늘 코르뷔지에가 우리를 반갑게 맞아준다. 코르뷔지에는 새 집에 이사하자마자 금세 좋은 장소를 찾아낸 듯했다. 천창으로 빛이 떨어지는 곳에 자리를 잡고 앉아 햇볕을 쬐거나 전면의 큰 창 앞에서 길을 따라 들어올 가족을 기다린다. 바깥에서는 콘크리트 테라스에 앉아 아이들이 노는 모습을 지켜본다. 코르뷔지에는 이 집을 어떻게 생각하고 있을까?

집을 설계하는 도중 한가람미술관에서 르 코르뷔지에를 다룬 대규모 전시가 있었다. 에이리가족은 전시가 좋아 두 번이나 그곳에 다녀왔다며 르 코르뷔지에의 그림을 선물했다. 그 그림은 지금 우리 사무실 한쪽 벽에 걸려 있다. 문득 그림 앞을 지나가다 생각한다. 모든 것은 결국 사라지고 만다. 단단한 건축물마저도. 우리는 무엇을 만들 것인가? **N**

원형 천창

식탁에 앉아 위를 바라보면 하늘, 구름, 나무, 햇살, 비가 보인다. 여름이 되면 때때로 날아다니는 잠자리와 천창에 붙어 쉬고 있는 곤충들도 보이고 겨울엔 눈도 볼 수 있다. 앞이 아니라 위를 바라볼 때 눈앞에 펼쳐지는 풍경이 얼마나 다채로운지 원형 천창을 통해 깨달았다. 예전에도 알고 있었지만, 잊고 있었던 건 아닐까.

원형 천창은 생각보다 로맨틱하다. 겨울에 결로로 물방울이 떨어지기라도 하면 아이들은 깔깔거리며 우산을 편다. 여름철에 날아든 잠자리가 원형 천창 틈 사이에서 쉬다 짧은 생애를 마감하는 장면을 목격하기도 하고, 장마철 가슴을 뚫고 들어올 것 같은 빗방울은 빌 에반스Bill Evans의 피아노 연주만큼 황홀하다. 자연의 풍요로움을 집안 한가운데에서 누리는 자가 과연 얼마나 될까? 그것만으로도 아홉 칸집에 대한 자긍심을 가져도 된다.

언젠가 이 공간을 아틀리에로 사용하고 싶다. 가을 혹은 겨울, 천창 아래에서 그림을 그리다 사무치도록 누군가가 그리워질 때면 바닥에 팔을 베고 누워 오랫동안 하늘을 올려다보고 싶다. 가족과 함께 루이 암스트롱Louis Armstrong의 목소리를 들으며 밤하늘의 빛나는 별을 세면서 잠들고 싶다. 원형 천창은 그렇게 위를 올려다보게 한다.   A

　"우리 공방에 가요!"

막바지 공사가 한창 진행되는 현장에 두 아이가 왔다. 아이들은 아직 완성되지 않은 집안을 여기저기 뛰어다니며 함께 놀자는 듯 말을 건다.

　"공방? 음…"

그림 그리는 아틀리에를 공방이라고 말하는가 싶어 작업실로 사용될 방으로 발걸음을 옮기자 아이들은 답답하다는 듯이 손을 잡아끈다. 집 한가운데에 있는 방으로.

　"여기가 왜 공방이야?"

아이들에게 물었지만, 대답이 없다. 경쾌한 움직임으로 여기저기 뛰어다닐 뿐이다. 공방, 공방. 생각하다 답을 알 수 없어 답답한 마음에 무의식적으로 천장을 올려다보았다. 순간 웃음이 나왔다. 둥근 원형 천창이 있었다. 원형으로 뚫려 하늘이 열린 천창이 아이들이 좋아하는 공과 닮아 있어 그렇게 부른다고 고경애 씨가 귀띔해준다. 아이들의 천진난만한 시선에 감탄하며 자라나는 아이들이 앞으로 이 장소를 어떻게 인지하고 경험하게 될지 궁금하다.

사실 천창은 건축에서 꽤 사치스러운 요소이다. 우선 집에 천창을 가질 수 있는 사람은 소수이다. 아파트와 같이 공간이 위로 겹겹이 쌓인 공동 주거에서는 하늘로 열린 천창이 있을 리 만무하므로, 단층 건물 혹은 건물의 최상층에서만 누릴 수 있는 혜택이다. 반면에 천창은 섬세한 시공에도 얼고 녹는 계절이 지나면 결로와 누수 문제가 일어날 수 있다. 그런데도 실내에 하늘을 바라볼 수 있는 즐거움과 사색할 수 있는 공간이 만들어진다는 것은 비교할 수 없는 장점이다. 천창은 그 요소 하나만으로도 감정을 불러일으키는 공간을 완성한다.   N

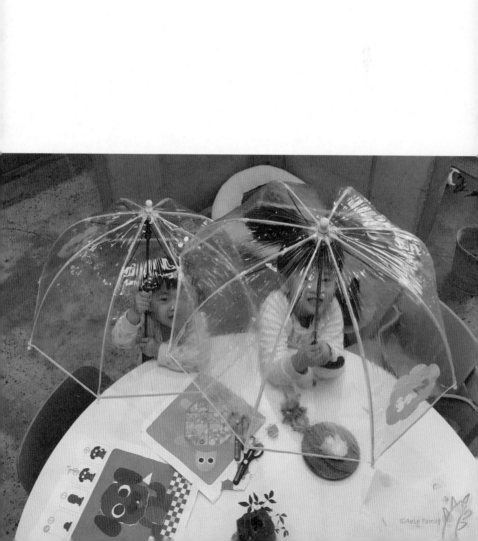

햇살

누군가 말했지. 햇살은 모두에게 내리는 신의 축복이라고.
그 말처럼 지금까지의 삶을 햇살이 동행해주었다고 해도
지나치지 않다. 지난겨울, 추위 때문에 마음이 시린 건지 구
겨진 마음이 추위를 몰고 온 건지 어지러웠던 날 어두운 골
짜기를 넘어 정원으로 찾아든 봄 햇살은 미칠 듯이 고마웠
고 반갑기 그지없었다.

　5월 어느 날, 세월이 흘러 백발이 된 아빠는 가던 길을
멈추고 이러한 말씀을 하셨다.

"지금이 인생의 가장 아름다운 순간이란다."

그때 우리를 따뜻하게 감쌌던 햇살이 아직도 내 마음에 남
아 있다. 휴일 산책길, 나뭇가지에 내려앉은 햇살과 그 아래
에서 반짝이는 조약돌을 주워 담는 아이들은 지금 이 순간
행복하다. 햇살은 누리는 자의 기쁨 그 자체인 셈.

하지만 나는 그 어떤 햇살보다 집으로 찾아드는 햇살을 가장 사랑한다. 그래서 하던 일도 멈추고 가장 편한 소파에 앉아 유유히 그 빛을 감상하며 한껏 여유를 부린다. 테라스와 싱크대 앞, 이젤에 올려진 캔버스 위, 콘크리트 벽면, 아이들 침대. 햇살 좋은 커다란 창가 아래에서 가족들이 낮잠을 잔다. 얼굴에서 너그러움이 느껴지는 순간이다.

그 시간만큼은 모든 인간적인 고통과 시름을 접고 나를 놓아도 좋다. A

적당히 걸러진 햇살을 좋아한다. 나뭇가지와 반투명한 잎 사이로 드는 햇살은 때로는 눈이 부시지만 금세 일렁이는 잎새의 그림자에서 온기가 느껴진다. 전통 한옥에서 경험하는 빛도 그러하다. 반투명한 한지를 통과해 걸러진 햇살은 은은한 빛과 창살의 그림자로 공간을 채운다.

아홉칸집은 평지붕의 긴 처마를 가지고 있다. 네 면으로 형성된 지붕 처마는 직사광선을 내부로 곧게 들이기보다는 적당히 걸러 온화한 빛을 들인다. 건물을 둘러싼 마당을 통해 반사된 온기가 나머지 내부 공간을 채운다. 창이 많은 집이지만, 커튼이나 블라인드 없이 투명한 시선을 유지할 수 있는 이유다. 이는 자연으로의 열린 시선이나 인접 건물의 간섭이 없어서이기도 하지만, 큰 지붕 아래로 스며드는 온화한 빛의 영향이기도 하다.

해가 동쪽 산자락에서 서쪽으로 이동하며 주변 숲과 반응해 만드는 빛과 그림자는 아홉칸집의 콘크리트를 만나 일렁인다. 아홉칸집의 콘크리트는 그만의 거친 질감으로 햇살을 담는다. 콘크리트 벽면 위로 매일 새로운 그림이 그려진다. 그 모습이 참 아름답다.   N

아파트

나 역시 아파트가 주는 장점을 이해한다. 비를 피해 지하주
차장을 거쳐 곧장 집으로 올라갈 수 있고 계절이 바뀌어도
가구 위치를 바꾸지 않아도 된다. 1층으로 내려가기만 하면
어린이 놀이터가 있고 산책로를 이용하기도 좋으며 때가 되
면 세탁실과 화장실 하수구 소독도 해준다. 곳곳에 설치된
스피커를 통해 엘리베이터 고장으로 불편을 끼쳐 죄송하다
는 안내를 받기도 한다.

　　그래서 우리는 행복했을까? 아파트에서 나와 길 하나
를 건너면 학교가 있고, 길 하나를 더 건너면 하나같이 똑같
은 상가 건물에 비슷한 가게들이 들어서 있다. 그 가게들에
서 나와 길 하나를 건너면 나오는 큰 공원. 이쯤 되면 좀 지
루하지 않을까. 마치 한 사람이 아파트를 중심으로 도시 계
획을 하고 마지막으로 공원까지 그려 넣은 듯한 풍경이다.

우리가 모르는 지역의 역사가 있을 터인데 어느 지역이고 이리도 같을 수가 있을까? 귀국해 생애 첫 아파트 생활을 시작했을 때 "왜? 왜? 왜 그래야 해?"라고 불평을 늘어놓자 상욱이 지겹다는 얼굴로 한 소리 했다.

"여긴 한국이니까 어쩔 수 없어."

아무리 그래도 아이들의 쉼터 같은 도서관을 지하 한쪽에 밀어 넣지 않았으면 좋겠다. 아파트만이라도 도서관 같은 문화 공간을 지상으로 올려놓는 게 그리 어려운 일도 아닐 텐데. 여기서 그만하자. 이건 그냥 내 개인이 갖고 있는 문화적 취향이라고 말하고 끝내야 할 것 같다. 그렇게 결론을 내야 속 편하다.

이쯤에서 마음을 접지 않으면 나는 작정하고 일관된 문화를 지향하는 한국 사회와 그 부류에 소속된 자들을 욕할지도 모른다. 하지만 대안이 없는 건 아니다. 서울 근교에 건설 중인 아파트 공사 현장을 목격할 때마다 나도 모르게 네임리스건축을 떠올린다.

그들이 지은 아파트는 어떨까? 네임리스건축이 있는 한 희망을 버리지 않겠다.　　　　　　　　　　　　　**A**

아파트가 꿈인 나라에서 나는 건축가로 살고 있다. 근대화 이후 수십 년 동안 부동산 불패 신화를 주도하고 있는 아파트는 개인이 평생 땀 흘리며 벌어야 하는 돈을 단시간에 손에 쥘 수 있도록 해주는 가장 확실한 재산 증식 수단이었다. 수많은 삶의 방식과 가치의 다양성에도 이러한 왜곡된 사회현상 때문에 주어진 획일화된 공간에서 살아가는 것이 이제는 너무나도 당연하고 익숙하다. 더불어 도시 개발, 금융, 교육 등 사회 기반 역시 아파트에 치중되어 사회의 많은 흐름이 우리의 삶을 아파트라는 편파적이고 무감각한 공간으로 몰아가고 있다.

아파트라는 보통 명사를 뒤로하고 함께 모여 사는 공간인 '공동 주거'라는 개념으로 돌아가 보면 그 근본적 출발점은 사뭇 긍정적이다. 삶의 역사가 시작된 이후로 인간은 늘 함께 살아왔다. 인간은 사회적 종이며 마을의 형태로 구성된 공동체는 자연스러운 인간의 거주지였다. 20세기의 시작을 알린 공동 주거 그리고 21세기 들어 빈번하게 회자되는 공유 주거 역시 사실 전혀 새로울 것이 없다. '함께 모여 더 잘 살기'라는 근본적 생각을 재고해본다면 지금 이 무미건조한 현실에 작은 균열들을 만들 수 있을 것 같다. 어찌 되었든 아파트는 우리에게 가장 보편적인 주거 형태임에는 분명하고 또한 건축가로서 회피할 수 없는 사회 현상이기도 하다. 더불어 더 잘 살 수 있는 가능성. 우리가 아파트를 설계한다면 어디서부터 실타래를 풀어나갈지는 분명하다.　　　　**N**

부엌

남편 상욱을 만나기 전까지는 삶은 달걀 하나와 커피로 아침 식사를 하고 파자마 차림으로 그림을 그리는 매혹적인 생활이었다. 그와 견줄만한 것은 없었다. 있다 하더라도 궁금하지 않았다. 나는 충분히 행복하니까.

그런데 결혼을 하고 나니 거대한 우주는 너도 나도 아닌 식탁을 중심으로 돌아간다는 깨달음을 깨알 같이 얻었다. 어쩌면 부엌에 관한 이 이야기는 가족과 코르뷔지에의 이야기처럼 진부하게 들릴지도 모른다.

나에게 평범한 일상이 소중하고 각별한 까닭은 식탁에 둘러앉아 음식을 함께 나누기 때문이다. 하루 세끼 중 아침 식탁이 더없이 소중한 건 하루를 시작하는 출발점이기 때문이고 무엇보다 안녕히 밤을 보내고 식탁에서 가족들과 얼굴을 맞대고 앉는 순간 우리의 표정에서 흐르는 평온함 탓이다. 8년 가까이 함께해온 아침 식탁은 빵과 음료,

제철 과일, 요구르트로 차려진다. 아이들은 치즈와 삶은 달걀 하나를 더 먹을 때도 있다. 여름엔 블루베리와 복숭아, 포도, 가을엔 감, 사과, 배, 겨울엔 딸기와 한라봉, 봄에는 딸기와 사과, 배를 곁들여 먹는다. 매일 아침 식탁에서 음식을 나누며 계절의 풍요로움도 함께 즐기는 셈이다.

아침 식사라도 함께하지 않으면 끼니 대부분을 밖에서 해결해야 하는 상욱이 얼마나 안쓰러운지. 그런 생각이 더해져 늘 이른 아침 부엌으로 들어가고야 만다. 아침 일찍 일어나 곯아떨어질 때까지 에너지를 발산하는 아이들은 돌아서면 배가 고프다. 둘째 은솔이는 입버릇처럼 "엄마, 뭔가 먹고 싶어."라고 말하고, 가끔 밖에서 저녁을 해결하려 하면 눈치도 없이 "난 집에서 먹는 게 좋아!"라고 말하는 가족들. 역시 가족사에서 먹고 사는 풍경은 빠질 수 없는 이야기이다.

나는 부엌이라는 장소에 큰 의미를 부여하고 싶지는 않다. 다만 소소한 일상에서 부엌이 차지하는 소중함이 얼마나 큰지 다시 되새기는 중이다. **A**

부엌은 근대화 이후 급격한 변화를 맞이했다. 아궁이에 불을 지펴 음식과 난방을 함께 해결하던 우리만의 독특한 아궁이와 온돌 문화에서 현대식 입식 조리대로 풍경이 바뀌었다. 1960년대부터 우리의 주거 공간에 적용된 입식 조리대는 부엌을 집의 다른 내부 공간과 평등하게 만들었으며, 구들을 바탕으로 집이 만들어지던 구축 방식도 근본적으로 변화되었다. 이후 현대식 입식 조리대는 실용성은 물론 심미성을 추구하면서 다양한 재료와 형태로 발전했고 더불어 주방가전과 함께 일체화된 주방 시스템이 만들어졌다. 짧은 시간에 빠르게 일어난 이러한 변화는 늘 생각의 여지를 남긴다. 부엌이라는 공간이 갖는 위상과 그에 따른 사용자 중심의 공간 구조를 섬세하게 들여다보기 시작한 것은 그리 오래된 일이 아니다.

부엌은 그 어떤 공간보다 그곳에 사는 사람들의 생활 방식을 잘 보여준다. 아홉 칸 중 한 칸을 사용하는 이 집의 부엌은 공간의 실질적 규모보다 상대적으로 넓다. 닫히고 고립된 공간이 아닌, 집의 중심부에서 주변 공간을 향하는 부엌은 그곳에서 살아가는 가족의 생활을 엮어준다. 이 집에서 가족들은 주방을 가운데 두고 함께 음식을 만들고 독립된 조리대 너머로 대화하며 휴식을 취하고 때로는 놀이가 벌어지는 일상을 하나의 연속된 장면으로 펼쳐낸다. 손님을 집에 초대해 식사할 때면 집주인과 손님의 공간은 주방과 식당으로 나뉘지 않는다. 자연스럽게 부엌으로 흘러 들어가 준비한 음식을 나누고 옮기는 일이 그리 어색하지 않다. 소통을 중요하게 생각하는 이들에게 부엌은 집의 구심점이 된다.

　방문할 때마다 조리대 위는 항상 다채로웠다. 가을이면 집 주변에 떨어지는 밤이, 여름이면 과일이 놓여 있었다. 주변에 빵집이 없어 작은 제빵기도 있었다. 제철 음식을 담백하게 즐기는 에이리가족의 부엌은 잡지에 나오는 화보처럼 세련되고 멀끔한 모습은 아니지만, 이 가족만의 풍요로움과 따뜻함이 묻어나온다. 일상에서 가장 중요한 것들은 부엌에서 시작된다.　　　　　　　　　　　　　　　　N

콘크리트

아홉칸집의 노출 콘크리트는 거칠다. 상대적으로 영세한 시공회사와 현장 인부들의 서툰 기술력 그리고 산기슭에 위치한 쉽지 않은 대지 상황을 고려하더라도 참 거칠다. 거푸집을 떼고 한동안 멍한 생각이 들었다. 반듯함과 정교함이라고는 찾아보기 힘든 이 콘크리트의 속살을 과연 어디까지 그대로 두고 어떻게 남겨야 할지 선뜻 판단이 서질 않았다.

그때 현장을 같이 둘러보던 에이리가족이 조금 다른 관점으로 이야기했다.

"수정하지 말고 그냥 이대로 두면 어떨까요? 거칠어서 좋아요. 크고 작은 흠과 깨진 모서리도 메우지 말고 그냥 두면 좋을 것 같아요. 그리고 천장에 물이 얼룩진 자국들도 없애지 않았으면 좋겠어요. 진짜 동굴 같아서 더 좋은 것 같아요."

설계와 현장 감리를 통해 그동안 경험했던 좋고 나쁨, 정돈됨과 흐트러짐의 기준이 무색해지는 순간이었다. 과연 좋고 나쁘고 이상함에 어떠한 판단 기준이 필요한 것일까? 어쩌면 정교하고 오점 없는 완벽한 콘크리트는 전혀 멋스럽지 않은 건조한 기술에 불과할지 모른다. 현장의 우연성으로 채워진, 의도한 혹은 의도하지 않았던 모든 과정이 이 집의 콘크리트 표면에 자연스러운 흔적으로 고스란히 남았다. 결국 조금 덜 만들어짐은 섬세하지 않고 투박하며 때로는 오류로 비춰질 수 있지만, 시간이 흐르면서 관계의 여지를 남긴다. 빛과 바람과 햇살이 이 덜 만들어진 여백을 풍화해나갈 것이다. 덜 만들어진 건축은 자연스럽다. **N**

오랫동안 회사 동료로 알고 지내던 재일교포 친구가 부동산에서 일한다는 소식에 상욱과 나는 좋은 집을 소개해달라고 부탁했다. 이틀이 지나 그 친구로부터 센다이 가미스기上杉에 있는 집 정보가 팩스로 날아왔다. 그날 이후 우리는 밤만 되면 그 집 주변을 배회했다. 그 집이 노출 콘크리트로 되어 있었다는 이유 때문이었다. 밖에서 바라본 건물은 다섯 세대가 거주하는 작은 다세대 주택에 불과했지만, 단독 주택처럼 보였고 그 속이 전혀 들여다보이지 않아 우리의 상상과 궁금증을 자아냈다. 멋진 건축이라고 생각했다.

드디어 내부를 볼 수 있게 된 날. 가장 위층인 3층이 오랫동안 비어있던 탓일까 우리를 안내하던 부동산 담당자는 꽤나 친절하게 어떤 가격이면 이 집을 빌릴지 원하는 가격을 되레 물어왔다. 우리는 이미 마음을 정한 터였다. 그렇게 상욱과 나의 이름에서 글자 하나를 골라 '에이리 하우스AeLe House'라 이름 붙인 첫 콘크리트 신혼집이 생겼다. 지금으로부터 6년 전 일이다.

경기도 광주시 노곡리 공사 현장에서 본 노출 콘크리트의 첫 인상은 치부를 드러낸 커다란 돌덩어리 같았다. 무엇이 좋고 싫은지 판단할 틈도 없이 순수함에 이끌렸다. 정신이 들 즈음엔 아름답다고 느끼는 마음만 남아 있었다. 우리가 그렇게 느낀 이유는 삼면이 숲으로 둘러싸인 자연환경 덕이기도 했다. 숲 한가운데 놓인 콘크리트는 시간을 이겨내고 유일하게 살아남은 것처럼 보였고 사방에 널려 있는 돌처럼 다정함을 품고 있었다. 언뜻 보면 거칠어 보이지만 콘크리트 본연의 모습을 잘 간직하고 있는 듯했다. 창문이 달리기 전, 상욱과 건물 내부로 들어서 거친 바닥에 발을 포갤 때마다 공간의 경계가 허물어지던 경험은 깊은 감동으로 남아 있다. 공사 현장에 우연히 생긴 천장 얼룩도, 세면대 정면 벽에 있던 패인 홈과 작은 흠집도 바라보는 내내 편안함으로 다가왔다.

왜 우리는 덜 인공적인 콘크리트 안에서 편안함을 느끼는 걸까? 불완전해 보일 수 있는 자연스러움을 사람의 손으로 애써 지우지 말고 집의 일부로 남겨 두기로 결정했다. **A**

거실

아파트 거실은 일목요연하다. 거대한 아파트에는 수많은 다양한 삶이 있지만, 그 안의 거실은 모두 똑같은 위치에 있다. 거실에 콘센트가 있는 벽이 곧 텔레비전이 놓이는 곳이며 반대편에는 소파가 놓인다. 소파에 앉아 오직 한 방향만 바라보기 때문에 서로를 향하는 가족의 시선과 대화는 당연히 줄어든다. 이렇게 기능적이며 전체화된 시스템 때문에 집안 가구 배치와 거주자의 시선 그리고 동선 흐름까지 획일화되는 풍경은 우리가 얼마나 주체적 의지 없이 주어진 공간을 수동적으로 받아들이며 살아가는지 단적으로 보여준다.

도대체 언제부터 텔레비전과 소파가 거실의 중심이 되었는가? 집의 구심점이라 불리는 이곳이 오히려 가족 간의 교류를 줄이고 공간을 공유하기보다는 시간을 소비하는 장소가 되어버렸다.

몇 해 전 10여 평의 작은 도심형 한옥에서 살 기회가 있었다. 면적이 작았기 때문에 내부에는 방 두 개와 부엌만 있을 뿐 거실이 없었다. 대신 ㄷ자 한옥이어서 툇마루로 둘러싸인 작은 안마당이 있었다. 이곳이 자연스레 집의 거실 역할을 하게 되었다. 텔레비전이 문간방에 있어 우리는 집에 오면 텔레비전을 보기보다는 마당에 앉아 작은 나무를 바라보았다. 자연스레 집에서 사색하는 시간이 늘었다. 둘러앉아 이야기하기 좋은 적당한 크기의 작은 마당과 툇마루 공간은 손님 두세 명 정도 초대하기에도 적절했다. 흔히 거실이라고 불리는 장소가 집에 없었지만, 이곳에서 우리는 서로 더 많이 마주하고 앉아 이야기를 나눴으며 날씨가 좋은 계절에는 지인들을 초대해 같이 음악을 듣고 차를 나누었다. 텔레비전이 놓인 거실 형식에서 벗어나면 더 풍요로운 일상을 나눌 수 있음을 경험했다.

아홉칸집을 설계하며 그들에게 텔레비전이 없음을 알았다. 이러한 상황은 한쪽 벽을 바라보는 거실의 쓰임새가 시시각각 달라질 수 있음을 의미한다. 그렇게 다양해진 거실의 기능은 가족의 일상에서 그들의 기억이 머무는 배경이 된다. 스쳐 지나가는 삶 속에서 시간을 소비하는 장소가 아닌, 가족의 일상을 공유하는 장소가 필요하다. 거실은 가족의 기억이 새겨지는 공간이다.　　　　　　　　**N**

상욱과 나의 생활은 어딘지 모르게 닮은 구석이 있었다. 일본에서 유학 중이던 그의 집을 처음 방문했을 때, 거실 겸 방으로 쓰던 공간에는 손수 만든 긴 나무 책상과 스툴 하나만 놓여 있었다. 나와 마찬가지로 그 역시 텔레비전을 집에 두지 않고 거실을 방처럼 방을 거실처럼 사용하고 있었다. 차이가 있다면 나는 거실 겸 아틀리에에 일인용 소파 하나를 두고 부엌과 소파 사이에 작은 테이블 하나를 두었다는 점이다. 삶의 목적이 분명하게 드러나는 생활이었다.

음악을 좋아하던 나는 작은 시디플레이어로 일본 작곡가 사카모토 류이치坂本龍一가 엮은 캐나다 피아니스트 글렌 굴드Glenn Herbert Gould의 음반을 지겹도록 반복해서 들었다. 상욱이 말했다.

"내 평생 클래식과 재즈 음악만 듣는 사람은 처음 봐요." 처음으로 함께했던 내 생일을 핑계 삼아 좋은 오디오를 샀던 기억이 떠오른다. 우리는 서로의 집을 오가며 음반이나 책 같은 물건을 갖다 놓기 시작했고, 계획을 세워 멋스러운 의자를 사들였다. 결혼하고 아이가 태어난 뒤 한국에서 생활하던 아파트 거실 풍경도 크게 다르지 않았다. 거실을 아틀리에와 서재로 활용했고 언제나 음악이 흘렀다.

노곡리의 거실 풍경도 과거와 크게 다르지 않다. 아침에 일어나면 몸이 알아서 오디오와 스크린이 설치된 공간으로 간다. 우린 그곳을 '거실'이라고 부른다. 태어날 때부터 텔레비전이 없는 환경에서 자란 아이들은 영화를 보는 금요일 밤을 설렘과 두근거림으로 기다린다. 한 살 반 무렵, 2008년에 제작된 영화 〈월-이WALL-E〉를 보며 루이 암스트롱의 목소리를 좋아하게 된 준성이는 요즘 공상 과학 영화 〈스타워즈Star Wars〉 시리즈에 빠져있다.

　모두에게 처음으로 거실이라 부를 만한 공간이 생겼고, 더불어 삶도 풍요로워졌다. 우린 그곳에서 비트에 맞춰 다 함께 춤을 추고 차도 마신다. 그리고 커다란 창을 통해 계절마다 다채롭게 변하는 자연을 바라보며 사색에 빠진다. 거실에는 연애 시절부터 모은 의자들이 계절에 따라 다르게 놓이는데, 그때마다 거실이 특별한 공간으로 다시 태어나는 즐거움을 맛본다.　　　　　　　　　　　　　　　A

$3 \times 3 = 9$

우리는 아홉칸집을 설계하며 각 방의 용도를 규정하지 않으려 했다. 대부분의 거주 공간은 사람이 살기 전부터 공간의 의미와 기능이 이미 확정되어 있다. 우선 현관을 열고 들어가면 넓은 거실과 이와 인접한 작은방이 있고 가장 안쪽에 안방과 베란다가 자리 잡는다. 한 치의 흐트러짐도 허용하지 않는 기능적이고 밀도 높은 평면은 이미 틀에 박혀 있어 변화의 여지가 없다. 수십 층을 똑같이 쌓아 올려야 하는 아파트는 더욱 그렇다. 이러한 주거 공간은 우리에게 너무 익숙해 아파트뿐 아니라 공동 주택, 심지어 자유로울 수 있는 단독 주택에도 그대로 적용되고 있다. 우리는 이 기능적이고 익숙한 공간을 깊이 의심하고 있다.

아홉칸집은 정면 세 칸, 측면 세 칸으로 동일한 크기의 정사각형 방 아홉 칸으로 구성된다. 하나의 방은 가로, 세로 3.6미터의 정방형으로 주거의 모든 기능이 독립적으로 작

■ 전봉희 이강민. 『3×3칸 한국 건축의 유형학적 접근』. 공간사. 2006.

동할 수 있는 최소 공간이다. 물을 사용하는 화장실과 부엌을 제외한 방은 쓰임새를 정하지 않았다. 복도 없이 순수하게 방들로 연결된 공간들은 서로 상호적이며 동시에 평등하다. 거실이 가장 크지도 않고 물리적으로 작은 방도 없다. 안방, 아이 방, 거실, 부엌, 화장실, 작업실 등 모든 공간은 동등한 크기와 위계를 갖는다. 그렇기 때문에 가족은 그들의 필요에 맞춰 자유롭게 방의 쓰임새를 결정하고 바꿀 수 있다. 개별 공간의 기능과 의미가 규정되지 않았기 때문에 이곳의 거주자는 자유로운 삶의 풍경을 만들어간다.

　　이는 우리의 전통 건축에서 흔히 드러나는 공간의 유동성에 뿌리를 두고 있다. 칸이란 건축물에서 일정한 간격의 구조로 나뉘어 둘러싸인 공간을 말한다. 하나의 칸은 열릴 수도 혹은 닫힐 수도 있는 불확정적인 공간이며, 이들이 나열된 3×3칸의 형식은 과거 전통 한옥에서 가장 널리 사용했던 보편적 구조 형식이다. 3×3칸의 형식은 좌우가 다르지도 않고 한쪽에 치우치지도 않는 '조정 가능한 양적 규모를 갖는 최소의 단위'■이기도 하다. 우리는 전혀 새롭지 않은 3×3칸의 전형성을 다시 바라본다. 변한 것은 시간과 재료 그리고 채워질 사람들의 이야기일 뿐이다.　　　**N**

우리 집 벽은 일반 벽과는 조금 다르다. 보통 벽은 장소를 나누는 역할만 하는데 이곳의 벽은 공간을 나누는 역할에 그치지 않고 항상 열려 있다. 그리고 이따금 사적인 공간을 제공하기도 한다.

아이들은 구석진 곳을 정말 좋아한다. 장난감 가게 놀이를 할 때도 넓은 곳을 옆에 두고 여러 벽 중에서 하나를 골라 등지고 논다. 나 역시 좁고 구석진 벽 모퉁이에 놓인 소파에 앉아 있으면 동굴에 있는 듯한 아늑함을 느낀다. 이렇게 우리 집 벽은 여러모로 쓸모가 있다.

언젠가 유일하게 문이 달린 아이들 방과 안방, 그 사이에 있는 세면대와 욕조가 들어간 방의 문을 활짝 열어 놓고 술래잡기 놀이를 한 적이 있다. 아이들은 자유롭게 사방으로 뛰어다녔는데 집 안에 있는 아홉 개의 방이 마치 커다란 하나의 방처럼 느껴졌다. 앞에서 말한 세 개의 방을 제외한 나머지 여섯 칸은 거실, 다이닝 룸, 서재, 현관윗방, 부엌, 아틀리에로 정해 사용하고 있지만, 현관과 부엌을 제외한 네 개의 방은 우리의 입맛에 맞게 언제든지 바꾸어 사용해도 좋다. 다행히 우리 가족은 테이블과 의자의 위치를 이리저리 바꿔가며 생활하는 걸 꽤나 좋아해 곁에서 그 모습을 지켜보는 아이들도 덩달아 신이 난다. 준성이가 묻는다.

"제 그림 책상은 어디로 가나요?"

9월 어느 날, 천창 아래에 있던 원형 식탁을 아틀리에로 옮겼다. 가을 색으로 물든 계수나무와 그 주변을 천천히 감상하며 음식을 나누고 싶었다. 다이닝 룸은 안쪽 정원과 마주하고 있어 가족만의 비밀기지 같은 맛도 있다. 문은 없지만, 사적인 장소로 최고이다. 지금의 원형 식탁이 다음엔 어디로 옮겨질지 아직은 생각하고 싶지 않다. **A**

돈

건축은 자본에 의존적이다. 대다수 사람에게 건물을 짓는다
는 것은 그들이 이제껏 모아온 재산의 거의 대부분을 사용
하는 일이다. 그렇기 때문에 많은 선택의 과정 속에서 돈을
고려하지 않을 수 없고 그 결정은 어느 때보다 조심스럽기
마련이다.

　　그러나 희망적인 건 돈을 많이 들인다고 항상 좋은 장
소가 되는 것도 아니며, 돈을 적게 들인다고 나쁜 공간이 되
는 것은 아니라는 사실이다. 무엇을 만드는가보다 현실을
고려해 어떠한 관점으로 어떻게 살아가고 싶은지를 고민하
는 일이 더 중요하며 이는 비용 문제뿐 아니라 집의 가치를
바라보게 한다.

그리고 이 과정에서 많은 돈으로 옹색한 집을 지을 수도 있고, 반대로 적은 돈으로 작지만 풍요로운 집에서 살아갈 수도 있다. 이 차이는 의외로 집을 생각하는 건축주의 시야와 관점에서 발생한다. 집은 돈과 규모의 정량적 문제가 아닌 개인의 삶의 가치에 대한 문제이기 때문이다. 결국 무엇을 얼마만큼 만드는지보다 어떤 생각을 담고 어떻게 만들 것인가에 방점이 찍힌다. **N**

돈이 많으면 정말 편할까? 한 번도 경험해본 적이 없어 상상이 잘 안 된다. 무언가를 사들이기는 쉽겠다는 단순한 예측만 가능하다. 돈의 가치를 알기도 전에 돈 때문에 삶을 죽음으로 몰고 간 사람들을 지겹도록 봐왔다. 하지만 빈센트 반 고흐Vincent van Gogh나 알베르 카뮈Albert Camus처럼 가난이 영광이었던 삶이 부러우면서도 한번쯤은 돈이 많아 봤으면 좋겠다고 생각한 순간이 나도 있었다.

설계를 의뢰해야겠다고 마음먹고 네임리스건축 사무실을 방문한 첫 날. 요즘처럼 인터넷이 날아다니는 시대에 마음만 먹으면 설계 비용 정도는 알아보고 짐작한 후에 찾아왔으면 좋았을 텐데 하는 후회가 들었다. 집으로 돌아가는 차 안에서 현실성 없이 무작정 설계 사무소부터 찾아간 우리의 모자람을 질책했다. 그리고 몇 달 뒤 네임리스건축과 우리는 다시 만났다.

얼마 전 상욱에게 이젠 추억이 된 돈에 관한 그 마음을 들려
주었다. 이야기를 하다보니 공사가 진행되던 순간마다 돈이
많았으면 좋겠다고 생각했던 내 욕망이 들통 나고 말았다.
상욱이 말했다.

"그때 돈이 넉넉했더라면 지금과 같은 집이 되었을까?"
순간 나는 조용해지고 말았다.   **A**

노곡리

아홉칸집은 경기도 광주시 노곡리의 낮은 산자락에 위치한
다. 2016년 가을, 처음 노곡리를 방문했을 당시 대지와 인
접한 마을에 들어서며 왠지 모를 포근함을 느꼈다. 지형도
를 확인해보니 이 동네는 해룡산과 양각산이라 불리는 해발
200-300미터 남짓의 완만한 산으로 둘러싸여 있다. 이러한
주변의 지세 덕분에 조선 말 의병들이 이곳에 진을 치고 왜
군을 격퇴했다고 한다.

　　사실 아홉칸집으로 가는 길목에는 서울 외곽의 여느 국
도변처럼 조립식 건물과 공장 그리고 파란색 철판 지붕이 얹
혀진 허술한 식당 건물들이 마치 가설 건축 박람회라도 하
는 듯 무질서하게 늘어서 있다. 하지만 그 길을 지나 건축부
지에 도착해 주변을 둘러보니 이러한 혼잡한 구조물은 사라
지고 그저 첩첩산중의 풍경만 보일 뿐이었다. 서울 외곽에서
마주한 이 의외의 경관은 이곳에 아무런 연고도 없는 에이리

가족이 어떤 삶을 꿈꾸는지 나지막하게 이야기하고 있는 듯했다. 많은 젊은 부부가 자녀의 불확실한 미래를 피해 도시로 이사하는 것과는 반대로 이 부부는 도시의 아파트에서 이곳 노곡리로 삶의 터전을 옮길 계획이었다.

건축주와 첫 만남은 들풀이 우거진 대지에서 그렇게 시작되었다. 그리고 문득 이들에게 지금 이 비워진 집터에서의 시간이 소중한 순간이라는 생각이 들었고, 손에 들고 있던 카메라로 가족사진을 찍어주겠다고 제안했다. 네 명의 가족은 앞으로의 삶을 예상하듯 해맑은 표정으로 현재 아홉칸집이 들어선 그 자리에서 카메라를 응시했다. 아직 채워지지 않은 장소의 분위기는 그렇게 남아 있다. 시작의 설렘이 고스란히 담긴 한 장의 사진은 가족이 살아가는 터전이 어떤 의미인지 생각하게 만든다.　　　　N

노곡리를 처음 알게 된 건 부동산 검색 사이트를 통해서였다. 아파트 생활에 지쳐 신음하던 나와 준성이, 코르뷔지에를 위해 상욱이 저녁마다 컴퓨터 앞에 앉았던 정성의 결과였다. 그리고 몇 달 뒤, 고즈넉한 일상과 자연의 소리에 목말라 있던 우리는 노곡리 땅을 처음 밟았다. 정확히 그날은 2016년 어린이날 연휴가 시작되던 5월의 한 봄날이었다. 나뭇가지 사이로 쏟아지던 따스한 햇볕이 그 아래에 서 있던 우리를 반겨주었다. 바람에 실려 온 새소리가 마음을 들뜨게 했다. 대지로 들어서자 우리가 지나쳐왔던 길을 잊게 만들었다.

그렇다. 어떠한 망설임도 없이 마음을 내주고만 것이다. 땅을 안내한 부동산 사장이 언젠가 이러한 말을 했다.

"20년 넘게 부동산을 운영하면서 젊은 부부가 집을 짓겠다고 찾아온 것도 처음이지만, 작은 평수의 땅을 힘들게 판 것도 처음 있는 일입니다."

부모님 모르게 저지른 일이었다. 서울에서 한 시간 남짓 떨어진 이곳 노곡리의 풍경은 여느 시골 마을처럼 정겹다. 작은 논과 밭을 곳곳에서 만날 수 있고, 그 주변을 낮은 산들이 겹겹이 감싸안고 있다. 논밭은 봄에서 늦은 여름까지 백로들의 쉼터가 된다. 목청 큰 개구리 울음소리와 길가를 따라 흐르는 물소리는 언제 들어도 좋다. 초여름에 들려오는 벌레 울음소리가 개구리의 울음소리와 섞여 열어놓은 창을 통해 집안으로 들어오고 그 소리에 아이들은 깊은 잠에 빠져든다.

가을이 되면 한적했던 작은 마을은 농부들의 손길로 분주해지는데 이내 황금빛으로 물들었던 아름다운 풍경을 한동안 볼 수 없게 된다는 생각에 슬퍼진다. 이러한 감상은 한낮 게으른 자의 명상에 불과하다. 우리의 삶은 거칠지도 숲의 이름처럼 정신적이지도 않으니, 이웃이 된 농부 어르신의 고단함을 헤아리기 어렵다.

노곡리의 겨울은 참으로 길다. 10월이 되면 지하 창고에서 오래된 석유난로를 꺼내 5월까지 써야 할 만큼. 올해도 숲은 새하얗게 뒤덮일 것이고, 고요함도 겨울의 차가운 하늘과 밤도 깊어질 것이다.　　　　　　　　　　A

Section Perspective
©NAMELESS Architecture

숲에게
말을 걸다

옥상

어른만 출입하는 장소가 집에서 과연 얼마나 될까? 서재를
온전히 부모만의 아지트로 삼는 것이 가능할까? 뭐 군이 서
재를 어른이라는 이유만으로 독점할 생각은 없지만, 나이를
불문하고 비밀기지는 반드시 있어야 한다. 그날도 회사에서
돌아온 상욱이 구겨진 얼굴로 내 앞에 앉았다.

> "경애짱. 다이닝 룸에 있는 붙박이장 쪽을 정리해서 내
> 서재로 쓰면 어떨까?"

나는 아이들의 미움을 받아가며 '관계자 외 출입금지구역'을
만들었고 지켜내고 있다. 아홉칸집에는 꼭 아빠나 엄마의 동
의를 구해서 들어가거나 동반 입장해야 하는 공간이 있다.

먼저 안방이다. 안방 살림은 침대와 스툴 하나뿐이지
만 헤르만 헤세Hermann Hesse의 정원만큼이나 언제나 말끔히
정돈해두고 있다. 가지런히 놓인 이불 위에 몰래 출입한 흔
적이 발견되기라도 하면 그 즉시 아이들을 불러세운다.

다른 하나는 최근 둘만의 데이트 장소로 이용하는, 밤에만 출입문이 열리는 옥상이다. 잠든 아이들을 남겨두고, 꽤 튼튼하지만 상당히 가파르고 층수가 많은 사다리를 사이좋은 도둑처럼 살금살금 기어 올라가 옥상에 다다를 때 묘한 매력이 있다. 어른들의 놀이터를 향하는 그 짧은 순간, 우리의 심장은 빠르게 뛴다. 어깨에 메고 온 의자를 펼치고 앉아 검은 숲을 이루는 나무들의 끄트머리에 간신히 닿을 듯 말 듯한 별을 바라보고 있으면 어딘가에서 올빼미 울음소리가 들려온다. 형체만 드러난 숲 사이로 가만히 내려앉은 달빛 광채를 보고 있으면 신의 모습도 그 광채와 다르지 않은 것 같은 생각이 든다.

아주 오래전 이와 똑같은 광경을 바라보던 꿈을 꾼 적이 있다. 그게 언제였더라. 밤이 깊어지고 개 짖는 소리가 들려오면 서둘러 의자를 정리해 집으로 내려갈 채비를 한다. 조심스럽게 아래를 향해 내딛는 발과 심장은 올라갈 때만큼이나 빠르게 뛰지는 않지만, 땅에 발이 닿는 순간 우애가 돈독해지는 건 비밀을 공유한 사이좋은 밤도둑이기 때문이려나.　　　　　　A

아홉칸집을 설계하며 옥상으로 올라가는 계단을 둘 것인지 한참을 고민했다. 마당 쓰임새에 변화가 생기기 때문이다. 앞마당과 뒷마당에 옥상까지 더해지면 외부공간은 더 넓어질 수 있다. 하지만 이미 땅과 면한 풍요로운 마당이 있는 상황에서 굳이 옥상까지 마당을 확장할 필요는 없었다. 게다가 아직 어린 준성이와 은솔이를 생각할 때 굳이 높은 옥상보다는 넓은 마당에서 흙을 밟고 뛰어노는 것이 좋을 것 같았다. 그리고 외부계단이 마당에 놓이면 주변 풍경과 어울리지 않을 거라는 생각도 들었다.

옥상을 오르는 고정 계단을 만들지 않기로 마음먹고 대신 관리 동선을 겸해 이곳을 오르는 어른들의 임시 동선을 만들기로 했다. 녹이 슬지 않는 철제 사다리는 건물에 고정하지 않아 건물의 사면을 옮겨 다닐 수 있다. 조금 불편하게 오르내리는 옥상은 어쩌면 조금 다른 경험을 만들어낼 것이다. 두 아이가 꿈나라에 있을 때 부부가 옥상에서 만나는 달빛은 그들만의 시간을 위해 존재한다. 시간이 흘러 네 식구가 옥상에서 마주할 하늘과 바람과 별과 달은 어쩌면 이 집에서 가장 특별한 시간을 만들어줄 것이다. 물론 그때쯤이면 편하게 오를 수 있는 새로운 계단이 필요할지도 모르겠다. 옥상은 이 집의 남겨진 땅, 여지餘地이다.　　　　**N**

우편함

단독 주택에 흔히 달리는 대문이 이 집에는 없다. 대문이 놓일만한 곳에는 5성급 호텔의 도어맨처럼 긴 다리에 말끔하고 세련된 느낌의 우편함이 서 있다. 네임리스건축이 디자인한 이 우아한 우편함은 설령 이 집의 주인이 바뀌더라도 정면에서 아홉칸집을 지키는 영원한 도어맨으로 남을 것 같다.

많은 사람이 편리하다고 생각하는 아파트는 우편함이 갖는 로맨스를 지워버렸다. 사실 나조차도 귀찮고 시간이 없다는 이유로 빠르고 간편한 이메일을 즐겨 사용한다. 하지만 가끔은 긴 기다림 없이 1분도 안 되어 도착하는 이메일을 받고 나면 어쩐지 나 자신이 이류로 밀려난 느낌이다.

얼마 전 우편함이 전해주는 설렘과 두근거림을 다섯 살 은솔이가 느끼게 해주었다. 은솔이에게 한 살 많은 펜팔 친구가 생겼다. 어느 날 휴대전화 너머로 수줍게 웃으며 통화하던 은솔이의 일본 친구 우시야마 아야노가 말을 꺼낸다.

"은솔아, 내가 편지 했어."

그 다음날부터 은솔이는 친구의 엽서를 애타게 기다리며 우편배달부의 오토바이 소리가 들려올 때마다 밖으로 달려 나갔다. 오늘도 편지가 없는 모양이다. 편지는 어디쯤에 멈춰서 이토록 아이의 마음을 애태우나. 지금 은솔이는 그때의 그 기다림의 시간을 어떤 모습으로 기억할까? 기대와 두근거림과 슬픔을 거쳐 배달된 편지엔 단 두 마디가 손글씨로 적혀 있었다.

'이은솔 좋아.'

이 얼마나 간결하고 로맨틱한 문장인가! 아이는 열 번도 넘게 읽고 있는 엄마의 목소리를 들으며 가슴 멍들게 했던 지난 열흘의 시간을 단숨에 날려 보냈다. 그리고 그 자리는 기쁨과 행복으로 채워져 입가에 웃음이 가시지 않았다. 은솔이는 아야노에게 답장을 해야겠다며 책상 앞에 놓인 의자에 걸터앉았다.

'아야노 좋아.'

그 손글씨 곁에 나비와 꽃과 하트를 그려 넣는다. 그리고 편지를 받은 그날 바로 편지 봉투 안에 아껴먹던 캐러멜 하나와 마당에서 주워온 낙엽을 넣어 우체국으로 달려갔다.

추가관찰: 준성이에게도 엽서 한 장이 도착했다. 보낸 이는 아야노. 이번에는 세 마디다.

'준성 또 놀자.'   A

요즘은 우편물이 늘 반갑지만은 않다. 각종 고지서와 범칙금 그리고 광고 전단지가 우편함을 채운다. 이러한 우편물의 메마른 글자들을 바라볼 때면 그저 어른의 의무감이 느껴진다.

　간혹 만나는 손편지는 정말 많은 수고와 정성이 느껴진다. 우선 어떤 편지지를 사용해 어떤 인사말로 시작할지 고민하고 펜을 들어 필체를 가다듬으며 한 자 한 자 써 내려간다. 글을 마무리하면 편지지를 접어 봉투에 넣고 우체국으로 향한다. 순번을 기다리다 우표를 붙이면 우편배달부가 멀든 가깝든 주소에 적힌 그곳으로 손수 가져다준다. 스마트폰 속 문장이나 이메일과 비교하면 가히 노동 집약적인 과정이라 할 만하다. 손쉽게 소통할 수 있는 기술의 편리함이 이러한 수고스러움의 과정을 양적으로 압도하는 것은 당연한 이치일 것이다.

시대가 그렇다고 건물을 만들 때 우편함을 빼놓을 수는 없다. 특히 집을 지을 때 늘 마지막으로 만드는 우편함은 집을 만드는 과정에 마침표를 찍는 행위와 같다. 아홉칸집의 우편함은 건물이 완공된 직후 집과 어울리는 디자인을 고려해 집들이 선물로 만들었다. 아홉칸집을 담당했던 이정호 팀장이 직접 삽을 들어 콘크리트 기초 위에 우편함을 설치해 현장에 마침표를 찍었다. 우편함은 앞마당 한쪽에 설치되어 있다. 우편배달부가 도로에서 쉽게 접근할 수 있을 뿐만 아니라 담이 없는 집이니 여기에서부터 이 집의 시작이라는 작은 의미도 생긴다.

집이 완공되고 새해를 맞았다. 우편함을 열며 미소 지을 가족 생각에 손글씨로 새해 편지를 보낸다.　　　**N**

손님

여름의 따가운 햇살이 아직 물러나지 않은 9월의 어느 날, 안쪽 정원을 바라보며 아이와 함께 점심을 먹고 있을 때 불쑥 찾아왔던 특별한 손님 이야기를 해보려 한다.

앞마당까지 자동차를 끌고 들어온 50대 중반 부부는 현관 앞에 차를 세우고는 이야기를 나누며 기가 찰 정도로 여유로운 발걸음으로 우리에게 다가왔다. 옷매무새를 가다듬을 틈도 없이 젓가락을 내려놓고 마당으로 뛰쳐나갔다.

"안녕하세요. 어떻게…….”

이곳은 사유지라고 그들에게 말하려 했는데, 말이 헛나갔다.

"안녕하세요. 이렇게 불쑥 찾아와 미안합니다. 이 집 주인이세요?”

"네, 그런데요.”

"이제야 만났네요.”

이제야 만나다니, 뻣뻣하게 서서 의심의 눈초리를 쏟아내는 걸 눈치챈 남성이 입을 연다.

"저희는 이 부근에 땅을 사서 곧 집을 지으려는 사람입니다. 차를 몰고 가다 먼 곳에서 이 집을 보았는데 너무 아름다워서 들어오게 됐지 뭡니까."

그들은 이미 첫 방문이 아니었다. 찾아올 때마다 번번이 문이 잠겨 있어 테라스마다 설치된 카메라를 보고서도 창문에 얼굴을 가까이 대고 집안을 들여다봤다는 것이다. 기분이 좋을 리 없었지만, 시종일관 웃음을 띤 부인이 정원에서 질문하기 시작했다.

"주변의 산하고 집이 정말 잘 어울려요. 그런데, 이 집은 누가 지었나요? 여기 오래 사셨어요? 어떻게 이러한 땅에 집을 지으셨어요? 젊은 사람이 살 거라고는 생각지도 못했는데."

나처럼 평범한 사람들이 얼마나 절제되고 아름다운 건축에 목말라 있는지 아홉칸집을 통해 경험한다. 집 앞 도로에서 아이들과 시간을 보내던 여름 끝자락, 정수기 물통을 가득 실은 소형 트럭이 멈추더니 운전기사가 나에게 말을 건 적도 있었다.

"혹시, 저 집에 사세요? 이곳을 가끔 지나가는데 볼수록
집이 아름다워서요."

초면에 누군가에게 말을 건넨다는 것 그리고 알지 못하는
사람의 집 앞에서 용기를 낸다는 것, 그건 말처럼 쉬운 일이
아니다. 나와 상욱도 가미스기의 어느 집 앞에서 초인종을
누르고 싶었던 그 순간을 잊지 못한다. 그건 건축만이 가지
고 있는 힘일 것이다.

건축을 좋아하던 그 특별한 손님은 지금쯤 어떤 집을
짓고 있을까? 그들과 헤어지는 인사를 나누며 다음 방문에
는 꼭 초인종을 누르시라고 말씀드렸다.　　　**A**

아홉칸집은 섬과 같다. 집이 놓인 대지는 차 한 대 겨우 지나갈 수 있는 막다른 길에 놓여 있다. 더욱이 뒷산의 큰 전나무로 둘러싸인 옴팡진 땅은 밖에서 좀처럼 눈에 띄지 않는다. 평평한 지붕을 가진 이 단층짜리 집 한 채는 대지에 낮은 자세로 자리 잡고 있다. 이곳에는 자신들만의 생각으로 삶을 꾸려가는 가족이 살고 있다.

섬은 고립되고 외로운 장소이지만, 오히려 자신을 발견할 수 있는 장소이기도 하다. 우리는 아무 연고도 없는 뉴욕에서 한동안 건축을 하며 지낸 경험이 있다. 그 도시에 가족도 없었고 학교에 연고도 없었다. 하지만 우리는 그 덕분에 어느 때보다 좋아하는 건축 작업에 몰두할 수 있었다. 나중에 서울로 돌아와 그 시간을 돌이켜보니 세상에서 가장 복잡한 대도시였음에도 우리만의 섬에 있었다는 생각이 들었다. 온전히 우리에게 몰두했던 그 시간이 소중한 기억으로 남아 있다.

2016년 서울에서 열린 고경애 작가의 전시 〈가미스기의 섬〉 인터뷰를 읽다가 문득 노곡리 집이 또 하나의 섬이지 않을까 생각했다. 이 섬은 고립되었다기보다 확산되고 어우러지는 창조의 마당이다. 가끔 이 섬이 귀한 손님들과 함께 열정을 나누는 장이 되길 바란다.

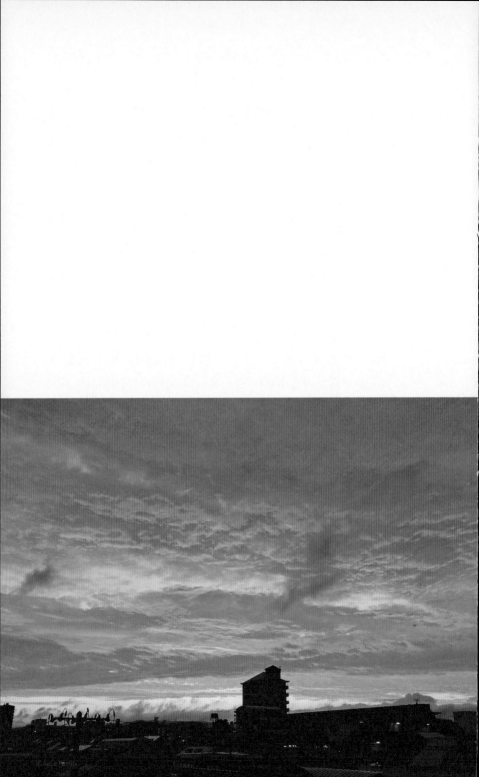

"센다이에 가미스기라는 아름다운 동네가 있다. 주택가로 볕이 좋고, 조용해서 새 소리가 유난히 아름답게 들리는 동네다. 우연히 그곳에서 첫 둥지를 틀고 그림을 그리기 시작하면서 내가 바라던 '나'를 만났고, 오직 자신에 이르기 위해 발걸음을 내디뎠다. '섬'은 내가 닿고자 했던 생명을 잉태하는 창조의 열정이다."

— 〈가미스기의 섬〉 전시 고경애 인터뷰에서   N

건축가

해마다 크리스마스가 다가오면 우리만의 이벤트로 건축 책을 구입한다. 그렇게 모은 책이 상욱의 박사 논문 통과 기념으로 선물한 르 코르뷔지에 책 세 권을 포함해 서른 권 가까이 된다. 건축을 좋아하는 여자의 별난 이벤트에 가세한 상욱은 책값이 꽤 나가더라도 돈을 아끼지 않는다. 그렇다면 우리가 유독 건축 책에 관대한 이유는 무엇일까?

상욱과 나는 건축을 정말 좋아한다. 잡지를 사도 건축과 관련된 책이 아닌 게 없고, 있더라도 여행과 커피에 관한 것 정도이다. 지금 서재 한쪽에 자랑스럽게 꽂혀 있는 건축가들의 책은 내 삶에 변함없이 생기를 불어넣는다. 언제 일본으로 다시 떠날지 모르는 우리가 잠시 한국에 왔다가 집을 짓기로 한 건 늘 아름다운 건축을 갈망했기 때문일 것이다. 그 출발에 네임리스건축을 만난 건 큰 축복이었다. 그리고 그건 우연히 본 네임리스건축의 〈삼각학교〉 덕분이었다.

네임리스건축은 지금 우리의 현실에서 보잘것없어 보여도 그 누구도 의문을 제기하지 않는 학교 건물에 왜 열정을 쏟아부었을까? 〈삼각학교〉 설계자인 그들이 못 견디게 궁금했다. 건축가라는 직업은 고상한 이미지에 멋져 보이기는 하지만, 꽤 귀찮은 일도 해결해야 하므로 투지가 없으면 안 되는 일인 것 같다. 모든 일이 마찬가지지만, 건축만큼 처음부터 끝까지 사람과 얽히는 직업이 얼마나 될까. 그 괴로움이 만만치 않아 보인다. 넘어야 할 산이 어디 사람 하나뿐이랴. 화가는 그런 면에서 정말이지 편하다.

아홉칸집을 지으며 경험한 바에 따르면 건축가는 열정만 가지고 할 수 있는 직업이 아니다. 거기에는 열정과 신념을 바탕으로 성실함과 인내, 의지, 인간애 같은 숭고한 정신이 깃들어 있다. 나는 그것들이 건축가의 가치관 또는 삶의 태도라고 결론지었다. 그들은 집짓기를 끝내고 나서도 삶의 새 터전에서 우리가 행복한지 여러 번 확인한다. 오직 그것에만 관심이 있는 듯이 말이다. 나는 네임리스건축을 그리워하며 르 코르뷔지에가 말한 건축의 참된 의미를 다시 떠올린다. 인간에게 가장 절실한 것 중 하나인 '건축'. 건축은 행복한 사람들이 만들어냈고 행복한 사람들을 만들어낸다.

올해는 어떤 건축 책을 살지 아직 정하지 못했다. 작년에는 네임리스건축 이정호 주임의 추천으로 포르투칼 건축가 알바로 시자Alvaro Siza의 책 두 권을 구입했는데, 올해도 추천 해줄 멋진 건축가가 있다고 하니 설레는 마음으로 기다리고 있다.   A

우리는 언제부터인가 '영혼 있는 건물'을 이야기하기 시작했다. 영혼은 살아 있는 생명만이 아니라 건축에도 깃들어 있다고 믿는다.

　멋있다고 소문난 건물에 방문했을 때 단순히 잘 지었고 디테일과 조형의 완성도가 뛰어나다는 표면적 사실을 넘어 별다른 감흥이 들지 않을 때가 있다. 이곳저곳 열심히 사진은 찍지만, 그 기억은 이내 사라지고 사진은 다시 들추어 보지 않는 파일로만 남는다.

　반대로 어떤 건축이나 장소는 그리 멋지거나 좋은 만듦새, 디테일, 재료가 아니더라도 마음을 움직인다. 생명 없는 무기질 덩어리의 구조물이지만, 경험하는 것은 숨이 깃든 공간이다. 시간이 지난 뒤에도 이러한 공간의 냄새는 잔상과 같이 기억되고 각인된다. 우리는 이 경험의 차이를 건축물에 깃든 건축가의 영혼이라고 믿는다.

건물의 규모나 공사비 등 물리적 수치와 상관없이 건축가의 깊은 사고와 남다른 열정이 새겨진 건물은 힘을 갖는다. 사실 건축가의 영혼이 어떠한 형태로 건축물에 기록되고 남는지 설명하는 일은 쉽지 않다. 다만 끈질기게 생각하고 대화하고 예측하고 조율하고 만들어낸 흔적은 비록 불완전할지라도 곳곳에 건축가의 기운을 남긴다. 그리고 그 깊이가 깊고 넓을수록 새겨지는 흔적은 강한 여운을 만든다. 여운이 있는 건축은 세상과 격리되어 독립된 고귀한 작품이 되기보다는 사용자에 의해 공간의 쓰임을 다하고 그 가치가 공유될 때 더욱 빛을 발한다.

  건축가의 생각이 건물이라는 실체로 드러나고 거주자를 통해 의미 있는 일상이 펼쳐지는 모습을 마주할 때면 건축가만큼 되돌려 받는 것이 많은 사람이 또 있을까 생각한다. 건축을 하며 적당히 여기까지라고 단념하기 힘든 이유이다. 건물은 건축가를 닮는다. 그리고 시간이 흐르며 거주자를 닮아간다. **N**

커피콩

"참새가 방앗간 앞을 그냥 지나칠 수 있어야지."

어느 봄날, 도쿄에서 신칸센을 타고 날아온 경수가 커피콩을 건네며 웃었다. 그 기막힌 표현에 배꼽을 잡으면서도 우리의 오랜 단골집을 그냥 지나치지 않고 첫눈에 알아본 그의 통찰력에 감탄하고 말았다. 역에서 집까지 걸어와도 20분은 족히 걸리는 그 사이에 '대체 그 녀석은 어떻게 이 콩집을 찾아 낸 것일까?' 하는 의구심이 좀처럼 사라지지 않았다.

우리가 애정하며 출입하던 커피콩집 간판은 두 손바닥을 합한 크기의 정사각형 나무에 '됴콩 두'라는 글씨만 적혀 있었다. 그래서 그 집을 '콩집'이라고 불렀다. 가게 문을 열고 들어가면 왼쪽에서 책을 좋아하는 젊은 남자가 언제나 혼자 손님을 맞이한다.

"과테말라 100그램, 에디오피아 200그램 주세요."

계산대에서 주문하면 책을 읽던 남자는 다섯 발자국이면 닿는 방으로 들어가 커피콩을 볶아내왔다. 늘 라벨도 없는 누런 봉투에 로스팅한 커피를 넣고 입구를 돌돌 말아 건넨다.

이름도 모르는 그 콩집 주인은 석유 난로를 취미 삼아 모으고 있었다. 이제는 구할 수 없는 앤티크 난로들이 좁다란 나무 계단 위에 줄지어 있어 기다리는 시간을 더 짧게 만들어준다. 계단 아래에는 자루 포대에 담긴 커피 생두가 손님의 발에 닿을 듯 말 듯한 거리에서 그야말로 참새들을 유혹했다. 그 유혹을 떨쳐내지 못하고 나와 상욱은 추워서 얼어 죽을 것 같은 날씨에도 그 먼 콩집을 향해 걸었다.

싱싱한 원두는 아침마다 커피를 내려 마시는 우리에게 한 끼 식사와 같다. 그 맛과 즐거움을 위해 커피콩은 동으로 만든 보관함에 넣었고, 계량스푼으로 잰 원두를 칼리타 핸드밀에 넣고 '갈갈갈' 소리를 들으며 손을 움직였다. 약속시간에 맞춰 네임리스건축 사무실 문을 열고 들어가던 날 코밑으로 스며드는 커피향이 참 좋았던 기억이 있다. 그래서 나도 모르게 숨을 깊게 들이마시고는 은은하게 퍼지는 고소한 커피향이 우리의 아침 식탁에 올라오는 브라질 세라도는 아닌지 상상하며 즐거웠다.

언제부터인지 그 콩집의 분위기를 닮은 주변 사람들이 이따금씩 노곡리 집을 찾아온다. 좋아하는 일을 하기에 주변에 늘 행복을 전하는 사람들. 커피콩처럼 맛도 분위기도 확실해서 헤어지고 나면 무얼 하며 지내는지 그 안부가 자못 궁금해진다.

그중 네임리스건축도 빼놓을 수 없다. 그들은 우리가 산골에 산다는 것이 마음에 쓰이는지 올 때마다 자신들을 닮은 콩을 선물한다. 사실 너무 많이 넙죽넙죽 받기만 해서 면목이 없을 지경이다. 아, 우리가 마지막으로 얼굴을 맞댄 게 여름이었던가. 그런데 벌써 겨울이라니.　　　**A**

사무실에서 커피를 마실 때 커피콩을 구입해 직접 내려 마신다. 원두를 갈아 작은 종이필터에 물을 내리는 행위는 하루를 시작하는 의식과 같다. 커피 향이 가득한 오전 9시 30분의 네임리스건축 사무실을 늘 좋아한다.

커피 맛은 흥미롭다. 다양한 풍미를 지니는 커피콩을 골라 그 맛과 향을 알아가는 과정은 차이를 구분하고 감각을 찾는 일이다. 보편적인 것을 새롭게 경험하고 체득하는 건축 행위의 과정과 크게 다르지 않다.

어떤 커피콩인가에 따라 맛과 향이 다르듯 커피는 어떤 사람과 마시는가에 따라 느끼는 향이 달라진다. 그래서 서로 커피를 즐기며 나누는 대화가 즐겁고 취향을 공유할 수 있는 사람과 함께하는 커피는 더욱 냄새가 좋다. 에이리 가족을 사무실에서 만났을 때도 역시나 커피에 대한 이야기를 나눴다. 네임리스건축의 식물 담당이자 커피 담당인 이창수 팀장이 향이 좋은 커피를 내오자 고경애 씨는 반가워하면서 집에서도 아침마다 핸드드립 커피를 즐긴다고 말했다. 그래서일까 아홉칸집이 완공된 뒤 종종 그 집을 방문할 때면 우리가 즐겨 가는 동네 커피 가게의 갓 볶은 커피콩을 사 가게 된다. 그 가게는 몇 해 전 앉을 의자 하나 없이 단지 커피 볶는 장비만이 놓인 대여섯 평 매장으로 시작한 아주 작은 가게였다. 커피콩을 즐기는 사람들 사이에서 입소문이 나면서 지금은 서촌의 명물이 된 커피공방이라는 콩집이다. 이곳에서 커피콩을 사 가는 데는 늘 맛이 좋다는 이유도 있지만 이 작은 가게처럼 아홉칸집이 좋은 기운으로 번성했으면 하는 바람이 있기 때문이다.　　　　　N

©AeLe Family

그림

그림이 단 한 점도 없는 집에 산다는 것은 무엇을 의미할까?

프랑스 화가 베르나르 뷔페Bernard Buffet가 연상되는 일본 판화가 오노 다다시게小野忠重의 판화가 걸린 세면대 앞에서 젖은 얼굴을 닦으며 상욱이 감상평을 한마디 쏟아낸다.

"나는 이 그림을 보고 있으면 마음을 다잡게 돼요."

제주도의 변덕스런 날씨와 함께 자란 상욱은 바다 위의 바위섬과 배 그리고 무리 지어 날아가는 새를 그린 이 판화를 볼 때마다 삶의 의지와 긴장감을 갖게 된다고 말한다. 그때부터 나는 소박하지만 진심이 담긴 상욱의 감상이 좋아 집에 걸려 있는 그림을 계절마다 바꾸는 습관이 생겼다.

나는 그저 그림이 좋아 취미로 그림을 그리고 있다. 그렇게 그린 유화는 대부분 인물화다. 그림 그리는 일이 나의 직업이라기보다는 재미가 붙어 끈질기게 이어가다보니 여기까지 오게 되었다고 말하는 게 맞겠다. 현관, 침실, 다이닝 룸, 거실 등 곳곳에 걸린 엄마의 그림과 함께 성장하는 아이들은 자연스럽게 아름다움을 갈망하게 되는 듯하다. 아이들은 스케치북에 테라스로 날아든 새와 다리 많은 벌레를 줄기차게 그리고, 인공위성 같은 자신의 관심사를 캔버스에 기록하기도 한다. 재미있는 사실은 두 아이가 영역을 넓혀 가는 과정에서 괴로움과 행복감, 성취감과 두려움을 넘나들며 그림 그리는 그 자체를 즐기고 있다는 것이다.

어느 날 아침, 자신의 인공위성 그림이 걸려 있는 다이닝 룸에서 준성이가 나에게 물었다.

"엄마는 이 인공위성 그림이 왜 좋아요?"

나는 준성이의 반짝이는 눈을 바라보며 한 치의 머뭇거림도 없이 진지하게 대답했다.

"엄마는 준성이 그림을 다 좋아하지만, 그 중에서도 이 〈마흔 개의 인공위성〉을 보고 있으면 힘이 느껴져서 좋아."

"왜요?"

"아침에 일어나면 기운 없는 날이 많은데, 준성이의 인공위성 그림이 엄마에게 힘을 주거든. 그래서 다이닝 룸에는 꼭 〈마흔 개의 인공위성〉이 걸려 있으면 좋겠어."

이렇게 말하자 사랑스러운 얼굴로 다가와 나를 꼭 안아주었다. 나에게는 예술이 높은 곳에 있지 않다. 예술은 일상의 풍요로운 감상 사이에서 삶을 따뜻하게 해준다고 믿는다.
은솔이를 가졌을 때, 당시 두 살이었던 준성이의 뒤를 따라
다니던 코르뷔지에의 모습을 바라보다 언젠가 읽은 어느 프
랑스 시인의 시 〈리베르테 liberté, 자유〉가 떠올랐다.

나는 태어났다.
당신을 알기 위해
당신을 부르기 위해
자유여!

'자유'를 찾아 집을 나서는 아이의 모습을 상상하며 '리베르
테'를 완성해나갔다. 나에게 예술은 이러한 행위가 더해져
풍요로움과 함께 깊어간다.   **A**

평범하지만 비범한 모든 것이 예술이라 느껴진다. 집 앞 콘
크리트 담장 사이에서 나는 이름 모를 풀, 동네 골목에 단단
히 박힌 돌덩이, 세월을 알 수 없는 풍화의 흔적들, 풍요롭
지만 때로는 모든 것을 비워내는 자연, 그들에 기대어 기쁨
과 슬픔을 나누는 사람들, 뛰어노는 아이들의 웃음소리, 개

넘적이며 동시에 실천적인 생각들, 도심에서 마주하는 무색무취의 건조함과 위태로운 관계들. 이 모든 것이 교차하며 삶과 역사 그리고 예술을 만들어낸다고 생각한다.

우리는 예술이 창작되는 아틀리에가 있는 집을 설계했다. 현실적 문제로 아틀리에 공간을 그리 크게 만들지 못했지만 여유 있는 뒷마당과 자연 덕에 장소를 유동적으로 확장할 수 있다. 그 공간을 보니 볕이 좋은 날 처마로 덮인 야외 테라스가 작업 공간이 되고, 아이들이 주변 마당에서 뛰어 노는 모습이 상상되었다. 그래서 결국 아틀리에와 뒷마당을 연결하는 문을 만들었다. 이제 아틀리에는 뒷마당으로 가는 놀이의 출구이자 예술의 생산 기지 역할을 한다.

고경애 씨는 학교에서 정식으로 그림을 배우지는 않았다. 하지만 2007년부터 우연한 기회에 독학으로 그림을 시작하면서 일본과 한국의 갤러리에서 개인전을 여는 등 작품 활동을 꾸준히 하고 있다. 그녀의 그림을 보면 초기의 작업들, 센다이에서 동일본 대지진을 겪고 난 이후의 작업들, 결혼한 뒤 아이들이 생기면서 한 작업들 등 시간의 흐름에 따라 자연스럽게 변했음을 알 수 있다.

그리고 지금, 아홉칸집에서 한 가족을 꾸리면서 예술가로서 삶을 살아가는 그녀의 그림이 기다려진다. **N**

눈

밤새 내린 눈으로 집 주변 산들이 새하얀 표정으로 바뀌었다. 그 풍경 앞에서 준성이는 두 팔 벌려 만세를 외치더니 끝내 아무것도 걸치지 않고 밖으로 뛰쳐나갔다. 아이의 표정과 몸짓이 새하얀 눈만큼이나 순수하기만 하다. 커다란 거실 창문에서 바라본 하얀 눈이 덮인 깻잎 밭에는 이른 아침부터 검은 새 무리가 날아와 배를 채우려고 날다 쉬기를 반복한다. 그 모습을 바라보며 자연에 몸을 맡긴 채 생존한다는 게 어떤 것인지 짐작해본다. 눈이 내려 숨결이 잦아든 숲은 이제부터가 고난의 시작이다. 하지만 잘 견딜 것이다. 지난겨울에도 나무는 이러한 걱정이 불필요하다는 걸 온몸으로 보여주지 않았던가. 안쓰러운 건 고라니처럼 덩치 큰 녀석들이다.

평소에는 가장 먼저 일어나 가족을 깨우던 은솔이가 어쩐 일인지 늦잠을 잔다.

"은솔아! 눈이야!"

오빠의 목소리를 듣고서야 잠에서 깨 기지개를 켠 은솔이가 준성이의 말이 진짜인지 확인하려고 눈을 비비면서 창밖을 바라본다. 정말로 눈이 안쪽 정원과 전나무 위로 소복이 덮여 있었다.

"야호, 눈이다! 엄마, 엄마! 눈이에요!"

나는 방문을 박차고 달려 나오는 은솔이를 들어 안아 거실의 큰 창으로 다가가 아름다운 세상을 보여주었다. 이제 진짜 겨울이 시작되었다고 속삭이자 나의 말이 끝나기를 기다렸다는 듯이 은솔이가 힘차게 묻는다.

"그럼 오늘이 오빠 생일이에요?"

작년 겨울 노곡리에 처음 내리는 눈 앞에서 은솔이의 몸은 얼어붙었다. 무서운 눈을 피해 눈이 닿지 않은 테라스 위로만 사뿐히 걸어 다녔다. 눈을 만져 봤을 리가 있겠는가. 하지만 올해는 확실히 다르다. 눈을 굴리면서 눈사람을 만들고 올라프의 손을 닮은 나뭇가지를 찾으려고 숲으로 들어간다. 그리고 옷이 젖거나 말거나 바닥에 털썩 주저앉아 모래놀이 장난감으로 눈을 가지고 논다. 상욱이 아이들을 기쁘게 해주려고 썰매에 태워 끌기 시작한다. 그렇게 몇 시간을 놀았을까?

올해는 모두가 눈을 반가워했다며 이 글을 끝내려고 했는데, 맙소사 코르뷔지에가 있었구나. 나는 너마저 눈을 좋아하게 될 거라는 기대는 하고 싶지 않구나. 그냥 지금처럼 따뜻한 난로 근처에 앉아 내리는 눈을 바라보다 잠들어버리는 너의 모습을 오랫동안 볼 수 있기를 바라며!　　　A

도심에서 눈은 스치듯 지나간다. 쉴 새 없이 분주한 차량과 오가는 행인들의 발길로 새하얀 눈은 제대로 감상하기도 전에 잿빛의 얼음덩어리로 변하고 만다. 눈이 오면 즐거움은 잠시이고 오히려 거추장스럽다고 느끼는 것은 순수함을 잃어가는 나이 때문이기도 하겠지만, 어쩌면 도시에서 경험한 눈의 질퍽한 느낌 때문이기도 할 것이다.

인적이 드문 자연에서의 눈은 도시에서의 눈과 사뭇 다르다. 눈이 소복이 쌓인 상록수 숲길을 걷는 것이 얼마나 근사한 일인지 모른다. 익숙한 풍경이 새하얀 세상으로 변해 평소에 시선에 들어오지 않던 사물들이 더 또렷하게 제 모습을 드러낸다. 너무 평범해 그저 스쳐지나치던 메마른 나뭇가지, 쌓인 눈 사이로 생명의 기운을 드러내는 낮은 속새와 겨울 고사리 또한 마음을 움직이게 한다. 하얀 눈은 익숙한 것들을 낯설게 바라보게 하는 힘이 있다. 2018년 눈이 소복하게 내린 겨울, 최소의 것들만 남겨진 아홉칸집 옥상에서 지붕과 뒷산의 모습을 기록한 사진가 노경의 사진 한 장은 강한 여운을 남긴다. N

숲

노곡리에서 처음으로 맞이하는 2018년 봄. 상욱은 산기슭에 핀 진달래와 벚꽃을 가까이 보여주려고 집 주변 산에 오르는 산책길을 만들고 있었다. 숲속에 떨어진 마른 나뭇가지들을 주워 한곳에 모으고, 머리 위에 닿을 것 같은 거미줄을 세심하게 걷어내며 흘리는 땀이 참으로 예쁘기만 하다. 이렇게 정성스럽게 만들어진 숲속의 새로운 길을 우리는 '에이리 산책길'이라 부르며 걷곤 했다. 거대한 침묵의 덩어리로 알았던 숲은 오히려 따뜻했다. 고요하나 적막하지 않았고 봄기운 탓인지 활기로 가득찼다.

이 숲은 어떻게 시작되었을까? 나는 그 질문을 시작으로 숲에 애정을 갖게 되었고 집 주변에 사는 청설모와 딱새, 곤줄박이의 안부를 기다리게 되었다. 며칠 전에는 아침 식사 중 오색딱따구리의 출현으로 한바탕 난리가 났다.

"어, 저건 무슨 새지? 정수리가 빨게요."

"원앙인가요?"

"아휴, 원앙은 물가에 있어야죠."

오색딱따구리 덕분에 원앙이 산간 계류에 서식하며 도토리를 비롯한 나무 열매를 즐겨 먹는다는 걸 알게 되었다. 우리는 그렇게 하나씩 새의 이름을 배우고 그들의 겨우살이까지 걱정하게 되어 이제는 집에서 구은 식빵 껍질을 산언저리에 던져 주는 일도 마다하지 않는다.

숲과 함께 있으면 우리의 삶이 노력에 비해 채워지는 게 얼마나 많은지 깨닫는 순간들이 있다. 돌보는 이 없어도 밤나무에 꽃이 피고 꽃이 진 자리에 열매가 열리는 광경 앞에서, 마당에 심어 놓은 계수나무와 배롱나무에 물만 주었을 뿐인데도 겨울을 이겨내고 새순이 돋아나는 광경 앞에서 지난 삶이 온갖 오류 투성였음에도 나쁘지 않았다는 생각이 든다. 너무 커서 쓰러질 것 같은 전나무들 아래에 발가벗은 것처럼 세상에 드러난 뿌리는 한없이 초라해보이지만, 생명력 강한 이끼가 부드럽게 감싸 안은 모습이 꼭 우리가 살아가는 것과 닮아 있다. 그래, 나의 삶은 나쁘지 않았을 뿐만 아니라 마땅히 고마웠지.　**A**

숲은 늘 영감을 준다. 시간이 흐르며 계절마다 변하는 숲은 한순간도 같을 수 없다. 봄에는 땅속에서부터 움트는 여린 생명으로, 여름에는 한없는 푸르름으로, 가을에는 다채롭게 여무는 잎과 열매들로 풍요롭다. 많은 것을 비워내는 겨울 숲은 더욱 아름답다. 겨울 숲은 그동안 잎으로 가려졌던 땅의 지형을 드러내며 나무들도 그동안의 충만함을 덜고 최소의 상태로 돌아간다. 또한 눈이 소복이 쌓인 상록수 숲을 걷는 일이 얼마나 근사한지 모른다. 새하얀 눈 사이로 여전히 강한 기운을 보이는 산죽이나 겨울 고사리 또한 마음을 움직이게 한다. 시간에 따라 변화하는 숲은 매번 새로운 경험으로 다가온다.

또한 숲은 전체와 부분이 다르지 않다. 거친 나무껍질을 뚫고 나온 여린 잎새들, 나무 밑둥치를 감싸는 포근한 이끼들, 단단한 땅에 솟아오른 세월을 알 수 없는 강인한 뿌리들, 그 주변에 흩뿌려진 흙과 낙엽들. 이 모든 부분이 모여 하나의 나무가 되고 하나의 숲을 이룬다. 전체와 부분의 관계 너머 반투명한 잎새와 가지 사이로 걸러져 쏟아지는 빛은 공간에 대한 원초적 감각을 일깨운다.

숲과 같은 건축을 상상한다. 시간과 함께 늘 변화해가며 작은 부분에서부터 전체를 아우르는, 때로는 비어 있지만 충만한 공간. 만일 이러한 건축이 가능하다고 한다면 그것은 더 이상 건축이 아니라 숭고한 자연의 일부가 될 것이다. 주변에 흩뿌려진 자연과 더불어 일상을 살아가는 일이 얼마나 큰 기쁨인가!   N

산책

나는 걷는 걸 여전히 좋아한다. 연애 시절부터 산책으로 단
련된 두 다리가 마음만 먹으면 어디든 갈 수 있다고, 사람의
길을 가로 막는 건 마음뿐이라고 가르쳐주었다. 그래서인지
산책을 할 때만큼은 계절과 상관없이 가벼운 마음으로 집을
나선다. 목적지를 두지 않고 발걸음이 닿는 데로 걷다보면
시간에 얽매이지 않으니 마른풀 하나를 두고도 꽤 긴 시간
을 가질 수 있다.

　　'힘을 내서 너는 여기까지 잘도 왔구나. 아무 걱정 말아
　　라. 봄이 되면 너에게 또다시 생명이 주어질 테니.'
나는 조금 더 천천히 작은 돌에게도 말을 걸어보고 싶지만,
이미 내 손끝에서 멀리 달려나가고 있는 아이들이 허락하지
않는다. 나는 그래도 절망하지 않기로 한다. 내 시간의 시계
보다 더디게 가고 있을 아이들의 시간이 산책할 때만큼은
얼마나 빠르게 흘러가는지 짐작이 되기 때문이다. 그 시간

만큼 우리 모두에게 같은 기쁨을 안겨 주는 건 아무것도 없다. 무리지어 날아가는 새들의 움직임, 도랑에서 흐르는 물소리, 가을의 코스모스. 숲으로 돌아가지 못하고 길을 잃은 사마귀 한 마리가 우리를 도로 위에 멈춰 세우고 걱정하게 만든다. 그때 참견쟁이 은솔이가 고개를 돌려 사마귀에게 한마디 한다.

"너 그러다가 죽으면 어쩌려고 그래!"

어느새 들꽃과 들풀을 엮어 어여쁜 꽃다발을 만들어 한손에 쥐고 있는 아이들의 등 뒤로 해질녘 노을이 붉게 물들어 있다. 아이들은 산책길에서 만나는 붉은 노을을 즐기며 또 하루가 끝나가고 있음에 아쉬워한다. 집으로 돌아오는 길 위에서 엄마는 밤이 있어 고맙고, 아이는 밤이 있어 슬픈 휴일 산책을 이렇게 끝낸다.   **A**

봄기운이 도는 노곡리를 방문했다. 유독 추웠던 지난겨울 이야기를 나누다 보여줄 게 있다며 우리를 집밖으로 안내한다. 뒷산을 가리키면서 그곳에 가족의 새로운 산책로를 만들었다며 짧은 산책을 제안한다. 얼음을 녹이는 숲속의 맑은 시냇물 소리가 완연한 봄기운을 느끼게 한다. 산책로 주변에 아이 손 같은 고사리순이 힘차게 자라나고, 산철쭉과 야생 히어리가 봉우리를 틔울 준비를 하며 생명의 기운을 내뿜고 있었다. 한 걸음 두 걸음 내디디며 도시와는 전혀 다른 시골 땅의 기운을 흠모하게 된다.

앉아서 생각하는 것과 걸으며 경험하는 것의 차이는 발걸음에 따라 풍경이 지나간다는 점이다. 걸으며 천천히 바라보고 스치는 바람을 맞으며 우연히 마주치는 작은 풍경들을 관찰하다 보면 어느새 생각이 사라지고 주변의 호흡에 숨이 녹아드는 여유를 갖는다. 목적 없이 그리고 느리게 걷는 산책은 소중한 경험이다.

사실 건축하는 사람에게 산책이라는 단어는 남다른 익숙함이 있다. 르 코르뷔지에는 공간 안에서 사람이 움직이며 마주하는 다채로운 경험을 '건축적 산책Promenade Architecturale'이라 말했다. 건물 내외부가 연속적으로 조율된 공간에서 사람들은 산책하듯 이동하며 건물 내부에서 다른 시선, 다른 풍경을 경험한다.

경험의 측면에서 아홉칸집은 아홉 개의 방을 지닌 집이면서 동시에 아홉 개의 방이 서로 연결된 길의 공간이다. 이 길들은 내부에서 크고 작은 흐름을 만들며 결국 창과 문을 통해 주변으로 연결된다. 아홉칸집은 그저 살아가기 위한 집이 아니다. 어쩌면 주변과 대화하며 들풀과 곤충, 주변의 자연과 관계 맺기 좋아하는 가족을 위한 산책로의 일부인지도 모르겠다. N

블로그

2012년 12월 25일. 그 날은 우리가 결혼하고 처음으로 함께
한 크리스마스였다. 크리스마스 선물을 무엇으로 하면 좋을
까 고민하다가 이미 멋진 아내를 둔 상욱에게 편지를 쓰기
로 마음먹었다. 나는 친구가 빌려준 도우겐도 갤러리ギャラリー杜間道에서 위암으로 세상을 떠난 서양화가 리키마루 요시
타카力丸義孝의 회고전을 기획해 열었는데 그 전시장 안에서
상욱과 함께 찍은 사진을 A4 용지에 흑백으로 출력해 크리
스마스 카드를 써 내려갔다.

　상욱
　당신보다 덜 멋진 블로그 고마워요.
　크리스마스를 위해 준비해준 영화.
　그 마음 쓰쓰이.
　당신이 늘 내 전부이기를!

내가 당신에게 늘 기쁨이 되기를!

사랑해요.

그렇다. 상욱의 크리스마스 선물은 우리 신혼집이 있던 동네 이름을 붙여 만든 블로그였다. 노트북을 펼치며 그가 말했다.

"우리만의 이야기를 함께 만들어가요."

우리는 블로그에 꽤 사적이고 시시콜콜한 이야기를 늘어놓는다. 지루한 이야기를 잘도 늘어놓는 쪽은 보통 나다. 주로 함께 눈을 맞으며 산책길에서 만난 풍경이나 특별한 기념일, 서로 위로하고 응원하는 평범한 모습이다. 그러는 사이 아이들이 태어났고, 넷이 된 우리의 일상은 더할 나위 없이 바쁘게 돌아간다. 하지만 어쩌된 일인지 블로그는 예전보다 활기를 띠며 삶의 여정을 고스란히 담는 또 하나의 추억의 장으로 변해가고 있다.

가족의 얼굴은 우리만의 이야기 안에서 항상 빛난다. 분명 우리의 지나간 삶에는 슬픔도 기쁨처럼 찾아와주었고 행복과 함께 불행한 일도 있었지만, 엉망이었던 날조차도 결국 유쾌한 날로 기억하는 건 가족이 곁에 있어 주었기 때문이다. 오늘도 사이버 세상 안의 작은 사진첩이 그 사실을 확인해준다. **A**

에이리가족은 처음 만났을 때 그들의 블로그 이야기를 해
주었다. 부부가 함께 운영하는 블로그인데 어쩌면 집을 설
계할 때 도움이 될 수도 있을 거라는 이유에서다.

부부의 기념일에 남편에게 선물받았다는 블로그에는
가족의 일상이 고스란히 담겨 있었다. 우리는 이 블로그를
둘러보며 가족에 대해 많은 부분을 이해했다. 일본의 다세대
주택에서 첫 아틀리에는 어떤 모습이었고 그곳에서 어떤 그
림들을 그렸는지, 한국에 들어와 마련한 집은 어떤 모습이었
고 가족이 사용하는 가구들은 그들에게 무슨 의미가 있으며
온 가족이 함께하는 식사 시간을 얼마나 소중하게 생각하는
지 읽을 수 있었다. 또한 집에 텔레비전이 없는 대신 스크린
을 내려 영화를 즐긴다는 그들의 일상도 포착했다.

그중 인상 깊었던 글은 아이들의 책잡이 이야기였다.
첫째 준성이의 첫돌을 기념해 돌잡이로 부부가 좋아하는
건축가 르 코르뷔지에, 덴마크 가구 디자이너 핀 율Finn Juhl,
가구 디자이너 찰스 & 레이 임스 부부, 일본 제품 디자이너
야나기 소리柳宗理의 책을 두고 아이가 어떤 선택을 하는지
를 담은 이야기였다. 환하게 웃는 모습으로 르 코르뷔지에
책을 선택한 준성이에게 가족은 평생 사용할 건축가의 의
자를 선물해주었다.

집을 설계할 때는 그 어느 때보다 가족의 삶에 대해 이해하고 교감하는 것이 중요하다. 이 블로그는 그런 역할을 충실히 해주었다. 그뿐 아니라 집이 완공된 뒤 그들이 기록해가는 삶의 이야기는 건축가로서 더없이 즐겁고 고마운 교감의 매개체이다.

N

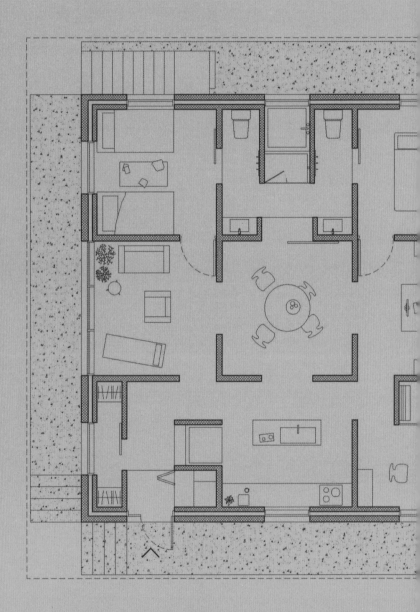

Plan
©NAMELESS Architecture

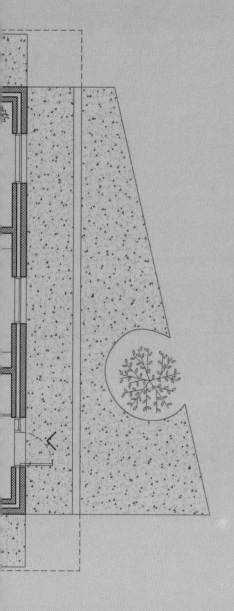

아홉 칸에 담긴
아흔아홉 개의 꿈

아틀리에

아홉칸집에는 거실, 침실, 식당 등 생활 공간 이외에 특별한 방이 하나 더 있다. 에이리가족을 처음 만났을 때 남편 이상욱 씨는 우리에게 한 가지 바람을 이야기했다. 화가인 아내가 육아를 하면서부터 예전처럼 붓을 잡지 못했으므로 새로운 집에는 그녀를 위해 온전한 작업 공간을 마련해주고 싶다는 바람이었다. 그렇게 화가를 위한 아틀리에는 아홉 칸 중 한 칸에 자리 잡았다.

　주택이 완공될 즈음, 에이리가족의 첫째 준성이는 네 살, 둘째 은솔이는 이제 막 두 살이 되었다. 이러한 가족 구성은 어쩌면 화가의 아틀리에가 당분간 제 기능을 하기 힘들 거라는 상황을 짐작하게 해준다. 하지만 1년 정도가 지난 뒤 이 공간은 제 기능을 십분 발휘하고 있다. 더 나아가 화가의 아틀리에는 한 칸을 넘어 두세 칸으로 확장되면서 아틀리에와 생활 공간의 구분마저 모호해지고 있었다.

화가의 새로운 작업들과 아이들의 천진난만한 그림은 작업실 주변을 채우고 넘쳐 어머니는 아이들과 함께 집안 곳곳을 새로운 풍경으로 변화시켰다. 집 가운데 천창으로부터 들어오는 빛은 해의 각도에 따라 물고기가 되어 집안을 부유하고, 그들은 집 자체가 마치 비워진 캔버스인 것처럼 그곳에서 살아간다. 그리고 지금 이 화가는 자녀와 함께하는 협업전시를 구상하고 있다. 그들에게 삶과 예술은 경쟁하기보다는 서로 다르지 않은 하나인 듯하다.　　　　N

나에게 아틀리에는 무엇일까? 또 상욱에게 아틀리에는 어떤 의미일까? 그리고 아이들에게는?

준성이는 태어난 지 4개월도 채 되지 않았을 때부터 엄마의 아틀리에에 출입했다. 그해에는 육아 휴직을 끝내고 직장에 복귀했는데 개인전 준비로 밤잠을 쪼개며 그림을 그리고 있었다. 어느 휴일, 아틀리에 문을 활짝 열어놓고 전시 준비를 하고 있는데 상욱이 바구니에 누워 놀고 있는 아기를 나의 곁으로 데려오며 말했다.

"조금만 힘내요. 준성이가 자랑스러워하고 있어요."
상욱은 늘 내 삶을 살기 바라며 가미스기의 신혼집에도 동탄의 아파트에도 작업 공간을 마련해주었다. 하지만 그곳은 예전의 '섬'일 수 없었다. 더 이상 나를 불타게 하지 못했고 지루한 캔버스 앞에서 쉽게 지쳐갔다. 네임리스건축과의 첫 만남을 앞두고 우리 집에 아틀리에가 있어야 한다고 말한 것은 상욱이었다. 나는 꽤 오랫동안 닫혀 있던 문을 열 용기가 나지 않아 작업 공간은 없어도 괜찮다고 말했다.

아틀리에는 아홉칸집 중 한 칸에 마련되었다. 태어난 지 얼마 안 된 은솔이의 낮잠 자는 모습을 그린 유화를 완성하려고 이젤 앞에 오랜만에 앉았다. 그때 네 살 준성이와 두 살 은솔이가 스케치북과 크레용을 가지고 내 곁으로 다가왔다. 내 발밑에서 조용히 동그라미 같은 새, 거북이 같기도 한 네모, 세모를 그리기 시작했다. 그 순간 정신이 바짝 들었다.

아이들은 종이를 들고 집 안과 밖을 오가며 그림을 그린다. 바닥에 엎드려서, 계단에 앉아서도 그린다. 최선을 다해서. 준성이가 자신의 키보다 큰 캔버스에 수족관에서 본 바다 생물 그림을 그리던 날, 은솔이가 자신의 몸집만 한 캔버스에 테라스로 날아든 새를 그리던 날, 나는 아이와 함께 색을 입히며 얼마나 행복했던가. 그리고 뜨거운 여름날에도 작업을 멈추지 않았던 준성이의 '마흔 개의 인공위성과 행성 그리고 달.'

12월 25일 크리스마스 저녁, 아빠의 얼굴을 그린 종이를 뒤로 감추며 상욱에게 다가간 우리 딸. 아틀리에에 없는 아홉칸집은 상상하고 싶지 않다.   **A**

가구

우리는 가구를 직접 만드는 것에 관심이 많다. 건축이 공간의 바탕을 만드는 일이라면, 가구는 생활이 펼쳐지는 또 다른 작은 공간이다. 건축과 가구는 다른 것이 아닌 하나의 공간을 완성하는 상호 요소이다. 이러한 관점으로 우리는 다양한 가구를 만들었고 앞으로도 지속적으로 가구 시리즈를 만들어갈 계획이다.

가구는 공간의 분위기를 만드는 주요한 요소일 뿐만 아니라 공간 자체를 새롭게 정의하기도 한다. 아홉칸집은 살아가는 이들에 의해 공간의 쓰임새가 결정되고 집의 이야기가 완성되는 개념이었기에 무엇보다 어떤 가구로 공간을 사용할지가 중요했다. 첫 만남 당시 에이리가족이 집을 짓기로 결심하며 떠올렸던 집이 찰스&레이 임스 부부의 주택이자 작업실인 〈임스 하우스Eames House〉였다고 할 정도로 그들은 가구에 깊은 관심이 있었다. 더욱이 우리가 공간과 펠트 가구를 디자인한 카페에 직접 가보았다고도 했다. 건축주가 지닌 가구에 대한 취향이 아홉칸집의 이야기를 풍성하게 해줄 것이 분명했다.

현재 아홉칸집은 다양한 가구로 공간의 쓰임새가 만들어지고 있다. 가족이 모여 식사하는 곳에는 이사무 노구치의 원형 테이블과 임스 부부의 다이닝 체어, 거실에는 르 코르뷔지에의 암 체어와 라운지 체어, 침실에는 독일 E15의 원목 침대 등 모두 훌륭한 디자이너의 가구들이 놓여 있다. 이 가구들은 첫 아이의 생일 혹은 부부의 기념일에 시간차를 두고 공간에 맞게 하나씩 장만한 것이기 때문일까, 부딪힘 없이 공간에 잘 녹아들며 가족의 소중한 일상을 만든다. 그리고 그들이 소중히 생각하는 생활의 가치를 드러낸다.

그들은 가구를 좋아하는 만큼 시시때때로 집의 물건들을 옮기며 공간의 변화를 만든다. 동그란 천창이 있는 집 한가운데에는 처음에 원형 테이블을 놓아 식당으로 사용했다. 하지만 1년여가 지난 어느 겨울날 다시 방문했을 때 그 공간은 따뜻한 풍로가 놓인 화가의 아틀리에이자 아이들의 놀이 공간이 되어 있었다. 그곳의 바닥 쿠션에 누워 투명하게 열린 원형 천창을 바라보면 낮에는 떠가는 구름, 밤에는 쏟아지는 별과 마주하게 된다. 남측 모서리에 있던 원래의 아틀리에 공간에는 원형 식탁을 옮겨와 새로운 식당으로 사용하고 있었다. 겨울날 남향 빛이 깊숙하게 드는 이 방은 가족이 식사하며 이야기를 나누는 장소로, 가족의 따스함이 배어난다. 삶의 방식과 시간의 흐름에 따라 공간의 쓰임새가 움직이고 유동적으로 풍경이 변화하는 아홉칸집은 살아가는 이들의 삶의 기술이 깃드는 공간이다.　　　　N

건축을 좋아하는 사람이 가구를 좋아하는 것은 그리 이상한 일도 아니다. 건축과 가구는 한몸으로 서로를 빛나게 하기 때문이다. 우리 부부는 그 원초적 감동에 이끌려 오랜 시간을 들여 가구를 구입해왔다. 출산을 앞두고, 아이들의 첫 생일을 기념해, 상욱의 생일에, 10년 다닌 직장을 퇴직한 기념으로. 가장 최근에는 아홉칸집 입주를 축하하며 침대와 테라스용 바스켓 의자 두 개를 구입했다.

그러면서도 내 차가 고장이라도 나면 '가구에 쓴 비용이면 18년 된 차를 새 차로 바꿀 수 있었을 텐데……'하는 마음이 가끔 든다. 가구에 얽힌 이야기는 참 많지만, 언제 떠올려도 미소 짓게 만드는 추억이 하나 있다.

2013년 초여름, 상욱은 겨울 출산을 앞두고 있는 나에게 필요한 것이 있는지 물었다. 나는 이때다 싶어 지금 사용하고 있는 2인용 식탁보다 큰 것이 필요하다고 말했다. 신혼살림이라고 해야 침대와 큰 책장뿐이었고, 집은 넓었다. 그날 밤 상욱은 이사무 노구치의 원형 테이블과 임스의 다이닝 체어 두 개를 사주며 흐뭇해했다. 그가 말했다.

"100년 쓸 가구예요."

아이들의 첫 생일에는 기념이 될 만한 무언가가 필요했다. 우리는 고민 끝에 금세 잊혀질 돌잔치 대신 소중한 날이 계속되기를 바라며 준성이에게는 르 코르뷔지에의 1인용 암체어 LC2를, 은솔이에게는 르 코르뷔지에의 가구 제작에도 참여한 프랑스 디자이너 샤를로트 페리앙Charlotte Perriand의 스툴을 선물하기로 마음을 모았다.

예전에 쓰던 2인용 식탁은 현재 아틀리에가 있는 천창 아래에 놓아 아이들이 자유롭게 사용하고 있다. 그 위에서 한글을 쓰고 그림을 그리고 장난감을 고치기도 한다. 또 어떤 날은 간식을 먹는다.

결혼 전부터 사용하던 침대는 신혼집을 거쳐 지금 아이들이 쓰고 있다. 그걸 보면 우리 집 가구는 100년을 함께할 가구임에 틀림없어 보인다. 이렇게 겹겹이 쌓여가는 시간과 함께 가족의 추억이 깃든 가구는 얼마나 소중하고 아름다운가.　　　　　　　　　　　　　　　　　　**A**

모형

모형은 중요하다. 설계과정에서 3D 프로그램을 사용해 모니터 안에 가상의 공간을 만들지만, 항상 실제 공간을 상상하는 데는 뭔가 부족하다. 바닥과 천장, 벽과 개구부, 건물과 주변이 서로 어떻게 관계를 맺는지는 모형을 만들어봐야 확신이 생긴다. 특히 아홉칸집처럼 작은 건물일수록 설계과정에서 모형은 중요하다. 30평 남짓한 아홉칸집을 설계하며 대략 10여 개의 모형을 만들었다. 초기 아이디어를 펼치기 위한 개념 모형에서 땅의 흐름과 건물의 관계를 살피기 위한 배치 모형, 이차원의 평면 요소를 삼차원으로 구체화하기 위한 디테일 모형, 마지막으로 재료에 대한 생각을 확인하기 위해 만든 콘크리트 모형 등 각각의 과정에서 그 목적에 맞춰 크기와 재료를 달리하며 모형을 제작했다. 이러한 모형들은 단순히 소모되는 것이 아닌 설계의 실체로 남겨진다.

아홉칸집을 설계하며 가장 기억에 남는 모형은 처음 만든 두 개의 개념 모형이다. 건축주에게서 가족 이야기와 살고 싶은 집의 이야기를 듣고 두 개의 다른 개념을 생각했다.

첫 번째 모형은 대지의 길이 방향으로 놓인 직사각형 배치로 가족이 공유하는 큰 거실을 갖는 집이었다. 이 모형은 정확히 집의 절반이 거실로 이루어진 계획으로 가족의 소통이 하나의 큰 거실에서 이루어지며 그곳이 집의 구심점이 되는 개념이다.

두 번째 안은 아홉 칸으로 이루어진 정사각형 모형이었다. 정사각형의 평면을 아홉 칸으로 분할해 아홉 개의 동일한 크기의 방이 나열되는 안이었다. 첫 번째 안과는 달리 집의 구심점이 없고 방들의 크기도 다르지 않으며 심지어 각각의 방이 어떤 기능으로 사용될지도 명확하지 않았다. 오히려 그 집을 살아갈 사람이 방의 쓰임새와 전체 집의 이야기를 함께 만들어가야 하는 조금은 낯선 집이었다.

당시 에이리가족은 두 개념 모형을 보고 미팅에서 바로 의견을 전하지는 않았다. 다만 첫 번째 큰 거실을 가진 안이 기존에 경험했던 공간과 유사해 조금 편하고 익숙해보인다고만 말했다. 판단을 보류한 채 다음 미팅을 기약했다.

이튿날 고경애 씨로부터 늘 그렇듯 힘 있고 쾌활한 목소리로 전화가 왔다.

"생각이 확실해졌어요. 저희끼리 많은 대화를 나눴는데, 아홉 칸으로 만들어진 두 번째 안이 정말 좋은 것 같아요. 지금 아파트에서 살아서 그런지 큰 거실이 좋을 거라고 생각했는데, 다시 생각해보니 그럴 거면 네임리스 건축에 설계를 의뢰하지도 않았을 것 같아요. 넓은 거실이 아니라 오밀조밀 방들이 나열된 아홉 칸의 집이 어쩌면 동굴처럼 즐거운 경험을 할 수 있는, 또 그런 삶을 만들 수 있는 우리에게 맞는 집일 것 같아요. 잘 만들어 주실 거라 믿어요."

아홉칸집 이야기가 시작되는 순간이었다.　　　　N

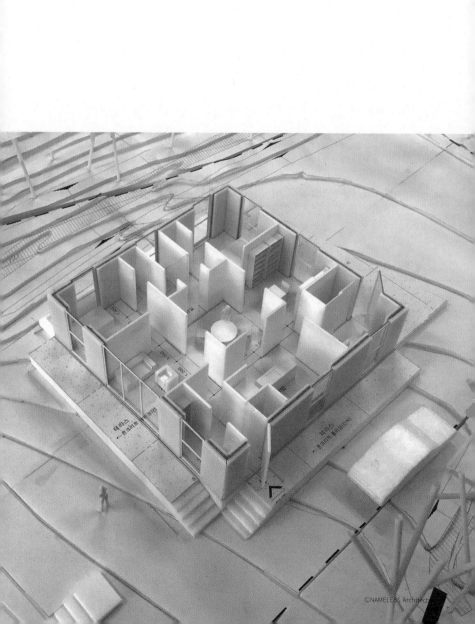

이 작은 공간을 완성하기 위해 10여 개의 모형을 제작했다는 사실을 네임리스건축의 글을 통해 알았다. 우리가 아홉 칸집을 사랑할 수밖에 없는 이유는 분명 여기에서부터 비롯되었을 것이다.

네임리스건축에게서 모형이 완성되었다는 연락을 받고 밤잠을 설쳤다. 상욱과 나는 설렘으로 가득 찬 밤을 애써 보내며 평소보다 이른 아침을 맞이했다. 하지만 아이들과 함께 도착한 사무실의 테이블에는 아무것도 보이지 않았다. 테이블 옆자리를 권하며 네임리스건축이 말문을 열었다.

"저희가 가족 이야기를 듣고 두 가지 안을 생각해봤어요."

그렇게 올려진 첫 번째 모형은 처음 노곡리 땅을 봤을 때부터 줄곧 떠올렸던 직사각형 모양이었다. 나란히 놓인 여러 개의 방에서 나오면 만날 수 있는 커다란 거실로 짐작해볼 때, 아마도 첫 만남에서 임스 하우스와 함께 꿈에 부풀어 두서없이 말한 내용을 고려한 듯 보였다. 구조는 달랐지만 당시 살고 있던 아파트 거실과 흡사해 어떤 생활이 펼쳐질지 상상할 수 있었다.

문제는 두 번째 모형이었다. 아홉 칸으로 구성된 정사각형 모형은 우리를 고민에 빠지게 했다. 모형에는 우리의 이해를 돕기 위해 집에서 사용하고 있는 원형 테이블과 LC2

의자, 책장이 미니어처로 놓여 있었다. 그럼에도 이 낯선 공간은 선뜻 우리의 마음에 들어오지 않았다. 현관 입구 왼쪽에 있는 드레스 룸과 부엌 같은 장소만이 익숙할 뿐이었다.

큰 거실이 없어 당황스러웠던 건 아닐까? 나는 집으로 돌아오는 차 안에서 우리가 사는 아파트를 떠올렸다. 현관문을 열고 들어가면 나오는 큰 거실, 그리고 그 양 끝에 놓인 방, 부엌, 화장실. 질문은 우리가 사는 아파트라는 공간에서 시작되었다.

우리는 왜 네임리스건축을 찾았나? 우리가 원하는 공간은 무엇이었나? 커다란 거실이 삶의 질을 좌우할까? 집에 도착할 즈음 우리의 마음은 출발할 때보다 훨씬 홀가분해져 있었다. 지금 이 순간에도 기대에 찼던 상욱의 말을 잊을 수 없다.

"그런데 재미있을 것 같지 않아요? 생각해봐요. 당신은 한 달이 멀다 하고 가구 배치를 바꾸는 사람인데, 그 아홉 칸은 아무것도 정해진 게 없잖아요."

나는 아홉칸집 어딘가에 앉아서 우리가 처음 아홉 칸의 모형을 마주했을 때를 떠올리며 다짐한다. '그래, 세월은 막을 수 없지만 상상하는 법만큼은 잃지 말자!'고. **A**

마당

하나의 큰 마당보다 작게 나누어진 마당들이 좋다. 마당의 크기는 그다지 중요하지 않다. 주어진 땅의 흐름과 건물의 배치에 따라 자연스럽게 형성되는 앞마당, 뒷마당, 사이 뜰은 모두 저마다의 분위기를 가진다. 하나의 대지일지라도 방향과 건물과의 관계에 따라 빛과 그림자, 추위와 더위의 정도가 다르니 그곳에서 자라는 식생도 미세하게 다르다. 동시에 거주자의 행위와 경험도 마당이 놓인 장소마다 다르다.

아홉칸집에는 사방에 크고 작은 마당이 있다. 우선 앞마당은 집으로 들어오는 시골길을 마주하며 인접한 경작지의 풍경과 먼 산의 경치를 시원하게 담는다. 이 마당은 완만한 경사가 있어 집을 방문하는 이들을 기다리거나 손님과 함께 시간을 보내기에 적절하다. 반면 숲으로 둘러싸인 뒷마당은 조금 더 여유롭고 평탄하다. 그림을 그리거나 책을 읽는 등 가족만의 야외활동이 가능하며, 아이들이 안전하게 뛰놀 수 있는 동적인 공간이다. 뒷마당은 포근하고 안락해서 가족의 비밀공간이기도 하다. 또한 북쪽에 있는 길고 좁은 뜰은 뒷산에서 내려오는 시냇물과 만나며, 건물 그림자 때문에 늘 차분하다. 이곳에는 그늘이 익숙한 이끼와 양치식물이 자라나 나름의 고즈넉함이 묻어난다.

아홉칸집에는 특별한 마당이 하나 더 있다. 집과 주변의 소소한 풍경 전체를 감싸 안는 뒷산이다. 뒷산은 지형이 나지막해 오랫동안 그곳에 뿌리를 내린 다양한 식생과 수북이 쌓인 낙엽으로 포근함이 묻어난다. 이곳은 가족의 산책로이자 아이들의 놀이터이며 아홉칸집에 자연의 풍요로움을 선사하는 가장 큰 마당이다.　　　　　　　　　　N

노곡리 생활이 시작되던 첫 가을, 아이들은 집안에 있지 않고 항상 마당으로 뛰어나갔다. 어떤 날은 청설모의 등장으로 어떤 날은 꿩의 등장으로, 하루는 곱게 물든 가을나무가 또 하루는 마당에 널려 있는 조약돌이 아이들을 집안에 두지 않았다.

우리는 본능적으로 침대에서 걸어나와 마당을 거닐었다. 아이들 뒤를 졸졸 따라다니던 코르뷔지에도 잔디 깔린 마당에서 이리 뒹굴 저리 뒹굴 뛰어놀다가 갑자기 멈춰 서서 숲속을 바라보았다.

아이들은 쉬지 않고 "코르뷔지에, 코르뷔지에" 하고 부르며 앞마당을 향해 전진했다. 그러다가 숨이 차오르면 아무 곳에나 철퍼덕 걸터앉았다. 나도 콘크리트 언덕에서 걸음을 멈추고 아이들 곁으로 다가가 앉았다. 우리는 나란히 앉아 시원한 가을바람을 느끼며 마당과 집을 찬찬히 바라보았다. 그때 준성이가 이렇게 말했다.

"엄마, 여기 있는 나무들은 계속계속 자라나요?"

"그럼, 우리처럼 생명이 있는 것들은 쉬지 않고 자라지."

"그러면 계속계속 자라다가 키가 이만큼 커져서 앞으로 쓰러지면 어떻게 돼요?"

키 큰 나무 아래에서 시간을 보낸 경험이 없던 큰아이는 그 순간 나무가 공포로 다가왔던 모양이다. 나는 아이를 무릎에 앉히고 꼭 안았다.

"그런 일은 쉽게 일어나지 않아. 우리 눈에 보이는 저 나무만한 뿌리가 땅속 깊은 곳에서 쓰러지지 않게 지켜주고 있거든."

마당에서 죽어 있는 새를 발견하고는 우리도 죽느냐고 물었던 준성이. 왜 겨울에는 나비를 만날 수 없냐고 묻던 은솔이. 1년이 지난 지금 아이들은 원하는 답을 찾았을까?

그건 별로 중요하지 않아 보인다. 자연은 앞으로도 우리에게 비슷한 질문을 던지게 하며 우리를 사유의 길로 인도할 테니까.　　　　　　　　　　　　　　　　　　　**A**

가족나무

아홉칸집을 설계하며 주거 공간의 개념, 주변과의 관계만큼
이나 집중했던 부분이 집과 사람의 관계였다. 우리가 생각
하는 집은 고정된 사물이 아닌 거주자에 의해 완성되어가는
장소이기에 살아갈 사람과 함께 성장하고 호흡하는 집이 되
길 바랐다.

그러한 관점에서 주택의 외부를 계획하며 가족과 함
께 성장할 수 있는 가족나무를 제안했다. 이 나무는 비록 처
음에는 작지만, 가족과 함께 성장하고 나이 들게 될 것이다.
그리고 언젠가 이 집과 함께 가족에게 하나의 작은 역사가
될 것이었다. 우리는 이 나무가 자랄 터를 널찍한 마당 한가
운데가 아닌 건물과 인접한 외부 공간 한쪽으로 정했다. 이
를 위해 뒷마당의 콘크리트 툇마루 일부가 작은 원형으로
비워지고 흙이 채워졌다. 주변이 숲의 풍성함으로 채워져
있는 것과 더불어 집과 인접한 마당에 직접 나무를 심고 가

꾸는 것은 또 다른 의미가 있다. 그곳에 어떤 나무를 심을지 결정하는 일은 함께 살아갈 가족에게 맡기기로 했다.

공사가 마무리될 즈음 뒷마당에 선이 여린 작은 계수나무 한 그루가 심겼다. 멋스럽지 않고 소박한 한 그루의 계수나무가 이상하게도 늘 아름답다. 이 나무가 풍성해질 때면 가족의 삶도 나무만큼이나 풍성해져 있을 것이다. **N**

멋지다고 느끼는 건축 곁에는 그 일부로 느껴질 만큼 황홀한 나무가 어김없이 존재한다. 카사 바라칸Casa Luis Barragán의 정원 에스프리 누보관Pavillon de l'Esprit nouveau의 가운데 정원, 임스하우스의 오피스와 함께 70년을 살고 있는 나무들을 바라보면 건축은 자연의 도움 없이 인간에게 아무런 감동도 기쁨도 불러일으킬 수 없을 것 같다.

노곡리 공사가 한창 진행되던 무더운 여름날, 저녁 식사 준비를 하고 있는데 네임리스건축에게서 연락이 왔다.

"콘크리트 데크의 일부를 원형으로 바꾸고 그곳에 나무
　를 심어 가족과 함께 돌보는 건 어떨까요?"

우리는 그 제안이 정말로 기발하고 멋지다고 생각했다. 가을이면 동그란 잎이 노랗고 붉게 물들어 아름다운 계수나무를 심기로 하고 나무를 찾아 나섰다. 하지만 계수나무는 흔하지 않아서 아홉칸집에 심을 이 나무를 구하는 데 많은 시간이 걸렸다. 원예 종묘 농장에 가기로 한 주말 아침 6시, 잠든 아이를 맡기고 집을 나섰다. 나는 농장 관리인에게 계수나무를 찾아 헤매다 여기까지 오게 되었다고 인사를 건넸다. 말수가 적은 관리인이 나지막이 입을 연다.

"요즘 사람들은 계수나무를 찾지 않아요. 그런데 왜 계수
　나무를 심으려고 하세요?"

풍요로운 자연환경 한가운데 자리 잡은 우리 집은 마당 둘레에 오래된 수목이 참 많다. 전나무, 소나무, 밤나무, 도토리나무, 벚나무, 개나리, 철쭉, 진달래. 그 아래로 나무를 감싸 안은 풍성한 이끼와 고사리 풀. 한 그루씩 떼어놓고 보면 어디에나 있을 법한 것들이지만 함께 어울려 있는 모습은 한없이 아름답다. 상욱과 나는, 우리 가족나무가 시간이 흐른 뒤에도 이들과 화합하는 수목이길 원했다.

올해는 계수나무가 얼마나 자랄까? 얼어붙은 땅이 녹기 시작하면 1년 반 전에 만났던 농장 관리인을 다시 만나러 갈 것이다. 그리고 평화의 댐이라 부르는 콘크리트 둔덕 부근에 계수나무와 함께 심으려 했던 이팝나무를 데려올 작정이다. 그 수목을 '동생나무'라 이름 붙이고 아이들 스스로 돌보며 나이 드는 모습을 함께 지켜보고 싶다.　　　**A**

꿈

건축의 즐거움은 건물이라는 실체를 상상하고 짓는 것에 있지만, 또 다른 즐거움은 그 과정에서 마주하는 다양한 사람들에 있다. 그것도 꿈을 꾸는 사람들. 대부분의 사람에게 건물을 짓는다는 것은 기껏해야 일생에 한 번 있을까 말까 한 일이다. 건축가로서 그들의 꿈과 함께하는 일은 서로의 긍정적인 에너지를 나누는 과정으로 무엇보다 즐겁다. 그리고 이러한 만남은 때로 소중한 인연으로 남기도 한다.

에이리가족은 도시의 여느 젊은 부부와는 다른 가치관을 갖고 있었다. 조금 불편하더라도 시골에 집을 짓고 자연의 품 안에서 아이들이 성장하며 자연이 주는 풍요로움을 경험하고 살아가는 것이 그들이 바라는 이상적인 집이었다. 그리고 이것이 도시에서 살아남기 위해 서로 경쟁하며 물질적으로 풍요를 얻는 것보다 중요하다고 생각했다. 그러기에 다른 이들이 아이들의 학군을 살펴 도시로 향할 때 이들은 시골 노곡리에 들어갔다. 그리고 용감하게 집을 짓기로 결심했다. 모든 것이 쉽지 않은 상황에서 이들은 멋지게 해냈다. 집이 완공된 직후, 집 주변을 같이 둘러보며 부부는 이러한 이야기를 했다.

"아이들이 인생을 허투루 살지 않을 거라는 믿음이 있어요. 집이 지어지는 어려운 과정을 옆에서 지켜봤고, 이제 자연을 마주하고 성장하게 될 테니까요."

이들의 삶에 대한 주관, 자연을 대하는 태도, 가족 사이의 신뢰와 믿음을 지켜보며 쉽게 스쳐 지나가는 주변의 것들에서 소중함을 느낀다. 다양한 가치관과 삶의 방식을 지닌 건축주를 만나며 우리의 생각도 넓어지고 깊어진다.

아홉칸집을 만들며 우리도 하나의 꿈을 가지게 되었다. 서울에서 조금 벗어나 자연에 기댈 수 있는 곳에 네임리스 건축의 사무실을 만드는 것이다. 교통은 조금 불편하더라도 그곳에서 마음 맞는 사람들 몇몇이 모여 같이 일하고 땅의 풍요로움을 경험하며 삶을 가꿀 상상을 하니 그것이 진정 우리만의 건축 이야기를 만들 수 있는 토대가 되지 않을까 생각이 든다. 일상의 가치와 삶의 방향성, 그것으로 나아가기 위해 자신이 살아갈 공간에 대한 꿈을 꾼다는 것은 진정 멋진 일이다. **N**

꿈을 안고 하루를 시작하는 사람은 그 이유 하나만으로도 평범한 삶일 수 없다. 내 꿈의 뿌리는 가난을 벗어나기 위해 글을 썼던 알베르 카뮈와 도예가 한스 코퍼Hans Coper가 빚어낸 작품, 죽기 전까지 그림을 그렸음에도 살아생전 팔린 그림 열 점도 되지 않았다는 반 고흐와 그를 가장 존경했다는 영국 화가 프랜시스 베이컨Francis Bacon에 닿아 있다.

그들은 온전히 자신의 삶을 살다 갔다. 나 또한 그렇게 살 수만 있다면. 상욱과 내가 시골 노곡리로 거처를 옮긴 가장 큰 이유는 스스로 이방인이 되어 우리의 삶을 살기 위함이었다. 여러 가지 불편함을 예상하지 못했던 건 아니었지만, 자연이 주는 풍요로움과 비교하면 충분히 견뎌낼 수 있을 것 같았다. 그리고 무엇보다 상욱과 함께라면 무엇이든 해낼 수 있겠다는 믿음이 있었기 때문에 가능했다. 그에 대한 굳건한 믿음이 없었더라면 집을 짓겠다는 꿈은 실행으로 옮기기 어려웠을 것이다.

그토록 갈망했던 아홉칸집이 완성되던 날, 집 앞에서 내 손을 잡으며 상욱이 말했다.

"꿈은 정말 이루어지는구나. 멈추지 말고 꿈꾸세요."

꿈꾸며 앞으로 나아가라는 상욱의 말을 그의 동의 없이 나누어도 괜찮을까? 꿈은 나누면 나눌수록 현실에 가까워지는 법이니 흔쾌히 기뻐하리라 믿는다.

학창시절부터 서울 고덕동의 핸드 드립 카페를 단골집으로 삼았던 상욱은 로스팅 원두를 직접 골라 가정용 핸드 드립 기구인 칼리타와 케맥스에 내려마셨다고 한다. 그 이야기를 듣고 "오리지널 된장남이었군요" 하고 놀리기도 했지만, 자신의 삶이 있다는 건 멋진 일이다.

귀국한 뒤 나는 상욱이 10년 넘게 단골인 고덕동 카페가 궁금해 준성이를 데리고 찾아갔다. 상욱의 꿈은 언제일지 모르지만 5평 남짓한 작은 공간에서 오직 커피콩만 볶으며 여생을 보내는 것이다.

네임리스건축이 만든 크고 작은 네 개의 마당을 거닐며 나는 생각한다. 이 특별한 건축가의 새로운 꿈이 혹시 이곳 아홉칸집에서 시작된 것은 아닐까. 언젠가 꿈을 이룬 그들에게서 연락이 오면 한 손에 그림을 들고 달려가리라. 어쩌면 그들이 앞으로 갖게 될 새로운 사무실에서 상욱의 콩집이 만들어질지도 모른다는 꿈을 꾼다. 간판도 없는 한적한 교외에서 콧노래를 부르며 콩을 볶고 있을 상욱의 뒷모습 너머로 시원하게 선 오랜 수목이 커피를 즐겨 마시는 손님을 맞이하는 즐거운 상상을 해본다. **A**

욕실

르 코르뷔지에는 1923년 발간된 『건축을 향하여 Vers une architecture』의 주거 매뉴얼 The Manual of the Dwelling 에서 욕실에 대해 다음과 같이 말했다.

> "욕실은 남쪽, 예를 들어 예전의 응접실과 같은 가장 큰 방 정도의 크기이어야 합니다. 하나의 벽은 눈부시게 환해야 하고 가능하다면 발코니 쪽으로 창을 내어 빛이 들어오게 해야 합니다."

주거 매뉴얼에 등장하는 욕실의 개념은 집에서 가장 밝고 넓은 곳이 바로 욕실이어야 한다는 것이다. 욕실은 빛을 받아들이고 내부 공간 전체를 조율하며 때로는 거실과 같은 공간이 된다. 아홉칸집에서도 욕실은 집의 핵심 공간으로 다음과 같은 특징을 지닌다.

첫 번째로 아홉칸집 규모에 비해 욕실 면적이 꽤나 큰 편이다. 욕실은 안방, 거실 등 다른 방들과 크기가 동일해 여유로운 공간으로 자리 잡고 있다. 이곳 욕실은 잠시 사용하는 기능 공간이 아니라 오랜 시간 머무는 장소에 가깝다. 욕실, 그 공간의 의미 자체가 변하는 것이다.

두 번째로 하나의 욕실에 세 개의 문이 있다. 현재 거실, 안방, 아이방으로 사용하는 세 공간으로부터 출입이 가능한 열린 욕실인 것이다. 이는 방과 방이 다층적으로 연결되는 아홉칸집의 동선 체계와 맞물려 기능한다. 일반적으로 가장 안쪽에 숨겨놓는 욕실이 집의 중심부로 드러나면서 내밀하지만 동시에 가족 간의 빈번한 마주침을 형성하는 새로운 거주 공간을 경험할 수 있게 해준다.

세 번째로 하나의 욕실에 두 개의 변기와 세면대가 있다. 부부와 아이들이 사용하는 화장실이 한 공간에 있지만, 그 안에서도 서로의 사생활을 고려해 두 영역으로 나뉘어져 있다. 욕실 가운데에 위치한 욕조와 샤워 공간이 이 두 영역을 기능적으로 분리하는 동시에 연결한다.

네 번째 특징은 외부를 향한 투명성이다. 다른 방들과 마찬가지로 욕실 외벽에는 바닥에서 천장까지 투명하게 열린 큰 창이 있다. 욕실은 안과 밖을 연결하는 열린 공간으로 빛과 바람을 받아들여 집 내부를 쾌적하게 밝혀준다. 그곳에서 몸을 씻을 때는 투명한 창을 통해 뒷산의 자연을 바라보는 작은 사치를 누린다.

마지막으로는 화장실 내부뿐 아니라 세면대와 욕조까지 모두 콘크리트라는 재료의 특성이다. 집 내외부 전체를 단일물성으로 계획했을 당시 심사숙고했던 부분이 욕실의 마감, 특히 욕조와 세면대 재료였다. 관성처럼 욕조는 새하얀 강화플라스틱이나 도기 혹은 목재를 생각했지만, 에이리 가족과 재료에 대한 이야기를 나누면서 그들이 오히려 단호하게 제안했다.

"욕조와 세면대 모두 콘크리트였으면 좋겠어요. 그게 가능할까요?"

투명하게 열린 욕실 그리고 건물과 하나 된 큰 돌덩어리 같은 욕조는 이 집을 사는 이들의 편견 없는 취향을 반영하고 있다. 그렇게 아홉칸집 욕실은 평범한 듯 비범한 집주인을 닮아 있다.   N

아파트 욕실은 참으로 멋이 없다. 좌변기와 세면대 위치, 벽면과 바닥에 깔린 타일. 돌이켜보면 우리를 가장 지루하게 했던 공간이 욕실과 화장실 아니었을까. 아파트 욕실에 창을 내는 일이 정말 불가능할까? 아홉칸집에서 가장 많은 문이 달린 곳, 그러나 닫아 두고 싶지 않은 곳. 우리의 욕실은 부족하지도 넘치지도 않는 사계절이 봄에는 햇살과 봄비의 다정함을 실어나르고, 여름에는 푸르름으로 커다란 창을 수놓으며 가을에는 바람을 보내어 노래를 들려주는 시적인 장소이다. 겨울은 또 어떠한가. 낮 동안에 변기 앞은 짓궂은 아이들의 비밀기지로 둔갑하기도 하고, 밤이 되면 온수가 가득 담긴 콘크리트 욕조에 다함께 몸을 담그며 하루의 피로를 덜어내는 이곳은 진정한 가족들의 쉼터라 하겠다.

우리 집 욕실과 화장실 이야기는 여기에서 끝나지 않는다. 안방과 아이들 방 사이에 있는 문 두 개를 열면 세 개의 공간이 하나로 변하는 재치까지 숨겨져 있으니 지루함과는 거리가 멀다. 장난기 가득한 아이들은 안방으로 건너올 일이라도 생기면, 거실로 향하는 방문을 놔두고 늘 화장실 문을 열고 우리 방에 도착한다. 오늘도 욕실 유리문을 열고 나온 준성이가 안방을 거쳐 서재에 앉아 있다.　　**A**

우연 하나_현장

건축물이 만들어지기 전 건축가는 도면을 통해 질서정연한 건축을 그린다. 한 치의 흐트러짐 없는 치수와 스케일로 만들어진 도면은 건축가의 논리적 생각을 담는 도구이자 실제 건축이 만들어지는 동안 기댈 수 있는 유일한 지침서다.

하지만 우리의 삶이 계획과 예측으로 재단되지 않듯 현장의 상황들도 그러하다. 건축물이 만들어지는 현장은 우연성으로 가득 찬다. 우연성은 땅의 불예측성에서 시작해 재료, 공법, 시공자와 건축가의 경험치, 공사 기간, 공사비 등 다양한 부분에서 발생한다. 영세한 시공회사가 공사를 맡는 소규모 건축물에서는 그 우연성이 극대화된다. 시공자가 자신의 편의를 위해 만들기 쉽고 비용이 덜 드는 방향으로 해당 공정을 대체할 때도 있고 설계하면서 생각하지 못했던 점들이 현장에서 발생해 과감하게 수정해야 할 때도 있다.

하지만 가끔은 더 합리적이고 좋은 디테일을 현장에서 발견할 때도 있으니 온몸으로 일하며 직접 만들어나가는 현장 사람들을 존중할 수밖에 없다.

몇 차례의 현장 경험은 이러한 우연성이 제거해야 할 대상이라기보다 때로는 있는 그대로 받아들일 수 있는 가치라는 생각을 남겼다. 건축가가 공사 중 진행하는 감리는 건축에서 필연적으로 따라오는 우연성을 제거하고 최소화하기 위한 일이라기보다 이 우연성을 긍정적인 방향으로 바꾸어 도면 이상의 결과물을 만들기 위함이다. 이렇게 해서 완성된 건축은 조금은 불완전하지만 삶을 통해 채워갈 수 있는 여지가 있다. 이것이 지나간 어제보다 도래할 내일을 기다리는 이유이며 우리가 오늘과 다른 내일을 기대하는 이유이다. N

고백하자면 불완전한 것들의 집합소인 공사 현장은 내가 가장 피하고 싶은 곳이었다. 땅을 파기 시작한 지 얼마 되지 않아 현장을 가보기도 전에 시공사 대표에게서 전화가 왔다.

"집이 들어설 터에 물이 많습니다. 추가로 공사비가 들겠는데요."

하지만 이러한 문제는 그다지 염려할 일이 아니다. 현장에서 품삯을 받고 육체노동을 하는 작업자들은 우리의 입주 예정일에 맞춰 마지막까지 최선을 다해 일해주었다. 하지만 다양한 현장에서 일하며 터득한 습관들을 버리지 못한 탓에 건축가가 건네준 설계도면을 '정확히' '꼼꼼히' '한 번 더' 확인하지는 못했다. 나는 그런 태도에 불만을 뿜어내면서도 앞으로 나와 아이들이 살아가야 할 사회의 한 단면을 보는 것 같아 서글픈 마음이 들었다. 건축가의 의도와 다르게 흘러가는 공사 현장에서 그들이 느꼈을 마음은 어떠했을까? 헤아려보면 나의 이러한 푸념은 의미 없어 보인다.

이러한 이야기보다는 아이들을 뒷좌석에 태우고 노곡리로 향할 때마다 우리의 마음이 얼마나 뜨거웠는지 말해야 할 것 같다.

오늘은 또 어떤 모습일까?
오늘은 지붕을 볼 수 있을까?
오늘은 유리창이 달렸을까?

이러한 설렘들. 천천히 드러난 구조물 앞에서 그래도 우리는 행복했다. 그것으로 충분했다는 생각이 든다.　　　**A**

인적이 드문 시골에 집을 지을 때 가장 먼저 하는 일 중 하나가 우물을 찾는 일, 즉 지하수 관정管井 위치를 찾는 것이다. 노곡리는 지하수가 풍부한 편이었지만 지하수가 나오는 위치를 설계할 당시에는 쉽게 예측할 수 없었다.

아홉칸집의 관정은 앞마당 한가운데에 위치한다. 지하수를 찾을 당시 마당의 구석진 귀퉁이에서 먼저 시도해봤지만 물이 나오지 않아 어쩔 수 없이 마당 한가운데를 뚫어야 했다. 그곳에 관정 설비를 보호하기 위한 지름 1미터 정도의 원형 콘크리트 구조물을 만들었고, 상부는 무거운 철판 덮개로 덮었다. 처음에 관정이 설치될 위치를 확인했을 때는 전혀 예상하지 못했던 장소였기 때문에 마당 한가운데에 불쑥 솟아있을 모습이 영 마땅치 않아 가능하면 구조물을 바닥 높이로 낮추어 감추고 싶었다. 그러나 집의 모양새와 함께 마당의 윤곽이 드러나면서 지하수를 품고 있는 그 동그란 콘크리트 구조물이 전체 풍경과 묘하게 어울렸다. 마당의 쓰임새를 생각하면 그 구조물이 나중에 다른 역할을 가질 것만 같았다. 그래서 이 예상치 않았던 낯선 구조물을 그곳에 그대로 남기기로 했다.

집이 완공되고 처음 맞이한 따뜻한 어느 봄날 아홉칸집에 초대를 받았다. 야외에서 식사를 하자며 나간 앞마당에서 체크무늬 식탁보가 씌워진 원형 식탁과 마주했다. 봄의 문턱에서 해가 뉘엿뉘엿 넘어가는 늦은 오후에 우리는 원형 식탁으로 변신한 관정 콘크리트 구조물에 둘러앉아 기분 좋은 식사를 했다. 쓸모없어 보이는 모든 것은 어쩌면 그곳에 그렇게 있어야 할 각자의 이유를 지니고 있을지도 모른다. N

맞다. 네임리스건축의 글을 읽으니 마치 어제 일처럼 생생하게 떠오른다. 휴대전화에 관정 공사가 마무리되었다는 메시지와 관정 사진이 도착했을 때 땅 위로 솟아난 원형 콘크리트는 볼품없이 흉측하기만 했다. 그대로 두면 안 될 것 같아 원형 콘크리트의 높이를 최대한 낮출 수 있는지 물었다. 바로 문자가 왔다.

'땅에 매립합니다.'

땅에 묻힐 뻔한 관정의 운명을 바꾼 것은 네임리스건축 나은중 소장이었다. 네임리스건축은 이 관정이 언젠가는 쓸모 있을 것 같아 보인다며 철제로 된 관정 덮개를 콘크리트와 비슷한 색으로 페인트칠을 하자고 제안했다.

이삿짐을 풀던 날, 야나기 소리의 엘리펀트 스툴Elephant Stool을 관정 주변에 펼쳐 놓고 앉아 숨을 돌렸다. 순간 플라스틱 스툴과 원형 콘크리트의 조합이 이보다 좋을 수 없다는 생각이 들었다. 봄이 오면 아이들은 관정으로 소풍을 가자고, 원형 식탁에서 점심을 먹자고 조를 것이다. 볕이 좋은 날이면 멀리서 찾아온 친구들과 함께 원형 식탁 주변에 둘러앉아 음식을 나누고 세월과 함께 쌓인 이야기보따리를 풀 것이다. 그렇게 탄생한 테이블은 마당 주변에 사람들을 불러모은다.

여담이지만, 얼마 전 가족과 함께 여주에 있는 세종대왕릉
에 다녀왔다. 세종대왕 역사문화관을 지나 제사를 준비하는
제실을 둘러볼 기회가 있었다. 그때 눈썰미 좋은 준성이가
마당에 놓인 관정을 발견하고는 소리쳤다.

"엄마, 엄마! 여기 우리 집과 똑같은 게 있어요!"

담장 넘어 울려 퍼지는 아이의 목소리가 조금은 창피했다.
그때 아이 곁으로 어르신 한 분이 다가와 말을 건넨다.

"이건 우물이라고 한단다."

준성이가 대답한다.

"저도 알아요. 저 위에서 뛰면 아빠한테 혼나요."

그 자리에 있던 관람객들이 얼마나 웃었는지 모른다. 우리
도 배꼽이 빠질 정도였으니까.　　　　　　　　　　**A**

우연 셋_둔덕

건축물이 산이나 언덕에 인접해 있는 곳에서는 주변의 물을
제어하는 일이 무엇보다 중요하다. 아홉칸집의 대지는 낮은
산자락 아래 시냇물로 둘러싸여 있어 뒷산의 물길을 잡아주
는 것이 매우 중요했다. 설계할 때 몇 번이고 대지를 방문해
물길을 고려한 배수 계획을 했다. 공사를 시작한 뒤 여름에
집중 호우가 있었을 때 생각보다 물이 많아 현장 소장과 상
의해 원래 계획했던 물길 외에 산과 마당이 만나는 접점에
흙으로 쌓은 자연스러운 둔덕을 만들기로 했다.

　　하지만 얼마 뒤 현장에 가보니 흙으로 쌓아 만들기로
했던 둔덕은 시멘트로 덧입혀진 콘크리트 언덕이 되어 있었
다. 뒷산과 연결되는 풍요로운 녹음의 마당에 솟아난 견고
한 시멘트 언덕은 그 땅에 너무 낯설게 느껴졌다. 좋은 풍경
을 흐트러트렸다는 생각에 당시 현장 소장과 한참 동안 입
씨름을 하고 말았다.

뒷산의 물길을 잡기 위해 만들어진 이 콘크리트 언덕은 한동안 마당의 흐름을 끊었다. 의도하지 않았던 풍경은 늘 받아들이기 쉽지 않다. 그러나 시간이 흘러 주변에 들풀이 자라나고 물이 스치는 콘크리트 표면에 이끼가 들러붙자 신기하게도 자연스럽게 마당의 일부가 되었다. 또한 뒷산과 마당을 잇는 다리와 같은 이 콘크리트 둔덕은 예상치 않게 아이들이 좋아하는 야외 놀이마당이 되었다. 준성이와 은솔이는 아슬아슬하게 둔덕 위를 뛰어다녔고 때로는 둔덕을 근사한 무대 삼아 숲을 배경으로 노래자랑을 펼쳤다. 어느 날 에이리가족이 이렇게 이야기했다.

"저희는 평화의 댐이라 부르기로 했어요."

이보다 더 적절한 이름은 없을 것이다. 뒷산의 물로부터 집을 지켜줄 뿐만 아니라 집의 평안을 지켜주는 댐이 되기를.

집을 설계하며 의도했던 완벽한 경관은 현장에서의 예상치 못했던 우연으로 불완전하게 놓이곤 한다. 하지만 그 불완전함에서 발생하는 역설적인 삶의 풍요로움과 아름다움은 더더욱 예측하기 힘들다. 이러한 경험은 우리가 생각하는 건축의 가치와 방향에 큰 울림을 준다. **N**

아홉칸집과 묘하게 어울리는 이 언덕을 뭐라고 설명하면 좋을까? 우연치고는 집과 마당과 숲이 콘크리트 언덕 조형을 통해 마치 하나의 악기에서 흘러나오는 소리처럼 조화롭고 아름다우며 자연스러운 모양새가 되었다. 뒷산의 빗물로부터 집을 지키는 원래 목적과는 별개로 새로운 이미지의 창조물이 되었으니 참으로 신기한 일이다.

처음부터 아이들은 이 둔덕과 사랑에 빠졌다. 놀이터가 절실한 어린아이들은 마당은 물론 흙으로 만들어진 자연 둔덕과 콘크리트 언덕 위를 활기차게 뛰어다니며 즐거움의 기지로 삼았다. 뒷산에서 들려오는 작은 소리를 쫓아 언덕을 밟고 숲으로 들어가는 순간, 놀이터는 탐험 기지로 바뀐다. 아침 산책에서 돌아온 두 아이의 등 뒤로 눈부신 해가 비출 때는 세상에서 가장 안락한 안식처가 된다.

특히 콘크리트 언덕을 좋아해 자주 찾는 준성이에게 그 공간이 어떤 의미인지 물었다.

"거기에 있으면 생각도 할 수 있고 놀 수 있어서 좋아요."
우리 집의 안전과 평안을 지키는 평화의 댐은 본래의 의무에 충실하면서도 아이의 삶에 영감과 에너지를 주는 특별한 장소이다.　　　　　　　　　　　　　　　　　　　　　**A**

Elevation
©NAMELESS Architecture

코르뷔지에
넌 오늘도 행복하니

반려견 코르뷔지에

우리가 코르뷔지에를 처음 만난 건 어린이날을 며칠 앞둔 2015년 5월이었다. 우리 부부는 프렌치 불도그 강아지를 만나러 성남에 간다는 사실을 준성이에게 미리 말해둔 터였다. 도착했을 때는 태어난 지 갓 한 달이 된 새까만 강아지 다섯 마리가 하얀 털을 가진 어미의 품에서 놀고 있었다. 그때 유독 잘 걷던 강아지 한 마리가 눈에 들어왔다. 유난히 눈망울이 아름다웠던 그 강아지는 다른 형제와 함께 어미 곁에 있지 않고 혼자서 조금씩 걷고 있었는데 다섯 마리 강아지 중 맏이이며 암컷이라고 주인이 알려주었다.

그로부터 한 달 뒤 일본 친구들과 헤어져 혼자가 된 준성이에게 그 맏이를 데려와 친구처럼 잘 지내라며 안겨주었다. 그리고 이 검은 강아지를 볼 때마다 양복 차림에 나비넥타이를 메고 검은색 안경을 쓴 르 코르뷔지에가 떠올라 코르뷔지에라 이름을 붙여주었다.

준성이는 코르뷔지에 곁에서 좀처럼 떨어지지 않았다. 코르뷔지에도 준성이의 곁을 지켰다. 낯선 산책길에서 둘은 서로 의지하며 보호했고 같이 뛰고 또 같이 걸었다. 온순하고 호기심 많은 이 둘은 서로의 빈자리를 새로운 추억으로 조금씩 채워갔다.

그로부터 몇 달이 지나 은솔이가 태어났다. 산책하며 대소변을 해결해야 했던 코르뷔지에는 그때 아파트에서 살고 있던 우리의 상황에서는 커다란 짐이었다. 결국 코르뷔지에의 거처를 현관으로 옮겨야 했는데, 아마 그 시간은 코르뷔지에게 가장 힘든 시간이었을 것이다.

우리와 늘 함께할 것 같았던 코르뷔지에와 헤어져야 했던 시간이 떠오른다. 코르뷔지에가 대소변 훈련을 해야 했던 기간은 내가 은솔이를 임신하고 있던 때라 코르뷔지에를 그가 태어났던 성남 본가로 보내야만 했다. 그때만큼은 무거웠던 내 몸과 마음이 잠시 홀가분했는데, 상욱은 그 시기가 가장 슬픈 절망의 시간이었다고 말한다. 그리고 아홉칸집 공사가 시작되던 무렵 부모님이 잠시 빌려준 집으로 이사 가던 날, 코르뷔지에는 함께할 수 없었다. 그 기간을 제외하고 보니 우리와 온전히 지낸 시간은 고작 3년도 채 안 된다.

하지만 그 시간은 코르뷔지에가 목욕을 가장 싫어하지

만 산책과 드라이브를 가장 좋아하고 개보다 사람과 어울리는 걸 즐기며 눈을 좋아는 하지만 자신의 발에 닿는 건 썩 내켜하지 않는 것을 알아가기에 부족함이 없었다. 비행기 타는 걸 두려워하면서도 나와 눈을 맞추며 우리를 믿고 견뎌내겠다는 신호를 보내오면 마음이 뜨거워진다.

누구하고나 금방 친구가 되는 코르뷔지에가 얼마 전 제주도 본가에서 휴가(?)를 마치고 돌아왔다. 딱 한 달 만이다. 얼마나 많이 먹었는지 살이 꽤 올랐다. 집으로 돌아오는 길이 고단했는지 드르렁드르렁 코를 골며 잠에 빠져 있다. 그렇게라도 우리의 반려견 코르뷔지에가 행복했으면 좋겠다. 그 모습을 오랫동안 볼 수 있기를 바라며!　　　　A

몇 년 전, 개를 위한 건축을 설계한 적이 있다. 잡지사 《보그 VOGUE》에서 의뢰 받은 설계였는데, 반려동물과 함께 행복을 나누며 일상을 공유하는 한 가족을 위해 공간을 설계하고 도면과 실물을 제작해달라는 것이었다. 우리는 반려동물을 키우지는 않았지만 늘 사람에 대한 공간만을 고민해왔던 터라 다르게 생각하기 좋은 기회라 여기고 설계를 맡기로 했다. 하지만 익숙하지 않은 그 공간을 위해 무엇부터 시작해야 할지 막막함이 앞섰다.

한동안 고민한 뒤 공간의 사용자와 대화를 할 수 없으니 관찰을 해보기로 했다. 그래서 한 지인이 집에서 키우고 있는 작은 강아지 뭉치를 살펴보기로 했다. 뭉치는 키가 25센티미터 남짓한 소형견인데 덩치는 작아도 늘 기운 넘치는 활발한 강아지였다. 집안에서 생활하는 뭉치를 관찰하면서 몇 가지 행동 특성을 발견할 수 있었다. 우선 식탁 의자 사이의 좁은 공간들을 이리저리 휘젓고 다니길 좋아했는데 한참을 놀다가 옴팡진 곳에 몸을 기대고 쉬는 모습을 발견할 수 있었다.

사람이 바라보는 시점과 개가 바라보는 시점은 다를 수밖에 없다. 특히 사람의 시선에서 가구는 사물을 놓거나 앉는 기능을 하는 등 보통 윗부분을 사용하고 보게 되지만, 개의 눈높이에서 가구 아랫부분은 많은 기둥으로 이루어진 공간일 것이다. 뭉치는 그런 가구 아래 공간을 그만의 유희적인 놀이터처럼 느끼는 듯했다. 결국 우리는 《보그》를 위해 몸을 기댈 수 있는 구릉으로 이루어진 바닥과 천장 그리고 그 사이를 크고 작은 수많은 기둥이 받치고 있는 개의 놀이터이자 쉼터 공간으로 만들었다.

아홉칸집이 완공될 즈음, 우리는 가족을 위한 집들이 선물로 두 개의 후보를 놓고 저울질했다. 첫 번째는 그들의 가족이자 반려견인 코르뷔지에를 위한 개집이었고, 두 번째는 집의 시작을 알리는 외부 우편함이었다. 코르뷔지에에게는 좀 미안하지만 결국 우리는 가족에게 우편함을 선물했다. 현대건축의 대가의 이름을 딴 코르뷔지에에게 시원찮은 설계로 집을 만들어주는 것이 영 마음이 편치 않았기 때문이다.   N

비밀기지

매주 일요일 저녁을 촛불만 켜는 날로 정해 무더위를 즐기던 어느 여름날, 아홉칸집 앞으로 책 한 권이 배달되었다. 하얀 종이 봉투에는 아이들이 좋아하는 파란 종이 테이프와 우리 모두의 비밀기지를 응원하는 편지 그리고 『비밀기지 만들기』라는 책이 들어 있었다.

종이 상자를 집처럼 여기면서 그 안에서 즐거워하는 아이들의 모습을 오랫동안 지켜봤기 때문에 꼭 한번 숲속에 비밀기지를 만들어보자고 계획하던 참이었다. 덕분에 비밀기지 만들기에 팔을 걷어 부치고 마당너머의 벌레들이 사는 광활한 숲을 청소하게 되었다.

아이들은 누가 가르쳐주지 않아도 본능적으로 틈새를 이용해 놀이터를 만들어낸다. 좁은 공간에 벽 하나만 있어도 공간을 장난감 가게로 꾸밀 수 있는 건 아이들이 지닌 창조의 힘일 것이다. 침대와 벽 사이의 좁은 공간에 들어가 그림책을 보는 작은아이와 변기 앞에서도 장난감을 펼치고 노는 큰아이를 보면 공간에 대해 아이들이 얼마나 열려 있는지 확인할 수 있다. 어린아이일수록 장소에 대한 편견이 있을 리 없다.

하지만 비밀기지는 열려 있는 놀이터와는 반대로 어딘가에 숨을 수 있는 장소여야 한다. 어른이 되어서도 집안에 그런 장소가 많을수록 좋은 집이라고 생각했기 때문에 비밀기지는 절실하다. 숨기 좋은 집 모양의 종이 상자 혹은 천으로 덮인 책상 밑, 벽장 안처럼 좁고 어두운 곳은 집 안에 있는 최고의 비밀기지다.

우리는 그 마음을 모를 리 없어 해가 넘어갈 때까지 넓은 마당에 텐트를 놓아준다. 텐트는 빛을 차단하지 않으면서도 어른들의 눈을 피해 숨어 들어갈 수 있으니 아이들이 좋아할 수밖에 없다.

가을 끝 무렵 이웃에게 볏짚을 얻어 평소에 잘 사용하지 않는 테라스의 산기슭만 보이는 곳에 아이들만의 비밀기지를 만들어주었다. 그리고 아이들이 그곳을 얼마나 찾는지 지켜보았다. 준성이와 은솔이는 우리의 예상을 뛰어넘어 새로운 비밀기지에 장난감을 갖다 놓으며 둘만의 비밀을

만들어갔다. 몰래 들여다본 비밀기지에는 어느 날에는 색연
필이 놓여 있다가, 그다음 날에는 작고 예쁜 돌멩이가 쌓여
있기도 했고, 또 그다음 날에는 과자 부스러기와 함께 신발
한 짝이 나뒹굴었다. 숲속 탐험기지가 필요해보이는 순간이
었다. 얼마 후 나는 책을 보내준 네임리스건축 사무소에 고
맙다는 이메일을 보냈다.

고경애: 보내주신 『비밀기지 만들기』를 재미있게 읽고 있습니다. 그런데 어떻게 이렇게 재미난 책을 찾으셨나요? 책을 쓴 지은이도 책을 권한 네임리스건축도 비밀기지의 필요성에 대해 공감했나 봅니다. 상욱과 저도 비밀기지를 여럿 소유했던 기억이 있어 밤 늦은 시간까지 깔깔거리며 추억의 비밀기지를 공유했답니다.

네임리스건축: 노곡리에는 벌써 가을 냄새가 깊숙하게 들어왔겠어요. 저희도 책을 보는 순간 어릴 적 기억들이 떠오르더군요. 비밀기지야말로 아이와 어른 모두에게 필요한 장소이지 아닐까 해요. 더욱이 노곡리는 다른 어느 곳보다도 비밀장소 만들기에 적합한 곳이지요. 다음에는 작은 오두막에 대한 책을 가져가겠습니다.

나중에 상욱이 지하실을 개조해 피트니스 룸을 만들었다. 봄을 맞이해 살을 빼야겠다고 했지만, 피트니스 룸을 가장한 비밀기지임에 틀림없다.　　　　　　　　　　　A

집이라는 공간에서 가장 친밀한 가족끼리 살고 있지만, 어른이든 아이든 자신만의 영역은 분명 필요하다. 다락, 계단실 아래 등 어떻게 보면 쓸모없는 비좁은 공간들이 누군가에게는 비밀기지의 여지를 갖는다. 그렇다고 건축가가 미리 집에 비밀기지를 만들어놓는 건 재미없다. 비밀기지는 사용하는 사람들이 상상력을 동원해 공간을 재창조해야 하기 때문이다.

가설의 작은 건축을 뜻하는 파빌리온pavilion은 그 의미를 무한하게 확장할 수 있다. 하지만 쉽게 생각하면 어렸을 때부터 우리가 만들었던 비밀기지가 파빌리온의 시작점일 수 있다. 노곡리 아홉칸집에 남아 있는 프로젝트 중 하나는 준성이를 위한 독립된 공간 만들기이다. 아홉칸집은 나지막한 뒷산과 인접해 있어 비밀기지를 만들기에 최적이다. 곧 독립의 시기가 올 아이에게 혼자만의 시간을 보낼 수 있는 숲속의 작은 비밀기지가 있다면 집에 있는 가족도 준성이도 좀 더 풍요로운 시간을 보낼 수 있을 것이다. 크기는 한 평에서 한 평 반 정도면 충분하지 않을까. 자연 급수와 배수 시스템을 만들고 자가발전으로 전기가 들어오는 자연 친화적인 오두막이어도 좋겠다. 준성이와 이야기를 나누고 가족이 같이 직접 만드는 비밀기지가 기대된다.   N

아침 식탁

올해로 8년째 접어든 나의 아침 식탁은 여동생이 건넨 잡지 한 권에서 시작되었다. 2011년 6월부터 일본 TBC문화센터에서 한국요리 강좌를 맡은 여동생은 내가 혼자 지내는 센다이시 기타메마치北目町 아파트에 자주 머물며 자기 언니가 무얼 먹고 사는지 확인했다. 초여름 무렵의 그날도 비즈니스 호텔방에 놓여 있을 법한 작은 크기의 냉장고 문을 열며 여동생은 말했다.

"이야! 언니는 매번 비싸고 맛있는 김치를 사먹는구나." 집 근처 마트에는 그 김치뿐이었다고 반박했지만, 일본에서 만드는 모든 김치 상표를 꿰고 있는 한국 요리 연구가에게 먹힐 리 없는 변명이었다. 동생은 건강 좀 잘 챙기라는 말 대신 잡지 《브루투스》와 같은 출판사에서 나오는 《Good morning, Good breakfast》라는 잡지 한 권을 내밀었다. 표지에는 커피와 식빵, 삶은 달걀과 키위가 일러스트로 소박하게 그려져 있었다. 그리고 그림 위에는 '최고의 아침식사를'이라는 글귀가 작게 새겨져 있었다.

첫 장을 넘기자 산더미처럼 쌓인 원고 사이에서 식빵을 입에 물고 있는 한 저널리스트의 사진이 '20년 동안 바뀌지 않는 아침 풍경'이라는 짤막한 소개와 함께 실려 있었다. 쟁반 위에는 홍차, 사과 주스, 버터가 올라간 식빵 한 조각과 함께 달걀 프라이, 제철 과일, 요구르트가 놓여 있었다. 저널리스트는 자신이 왜 먹는 것에 보수적인 인간이 되었는지 이렇게 설명했다.

"20년 동안 매일 아침 이어오고 있는 하나의 행동이 습성처럼 몸에 배어서 조금이라도 이 페이스에서 벗어나면 모든 균형을 잃을 것 같은 기분이 들기 때문입니다."
그 이후로 아침에 일어나 텅 비어 있는 배를 무엇으로 채울까 하던 고민은 커피와 삶은 달걀뿐이었던 식단에 빵과 과일을 더해 먹게 했다. 도시 생활과는 다른 노곡리의 아침 풍경이라면, 한적한 시골 마을에서 맛있는 식빵을 구하는 게 어려워 식빵을 직접 구워 먹게 된 것이다. 아이들의 특별 주문이 들어오면 우유 한 잔에 시리얼을 먹는 날도 있지만, 과일과 삶은 달걀은 빠지지 않는다. 주말 아침은 휴일을 향해 달려온 가족이 한자리에 모였다는 이유로 더 각별해지기 때문에 달걀 프라이에 베이컨을 굽고 치즈와 요구르트를 곁들이는 사치도 누린다. 겨울 방학인 아이들은 오늘도 오렌지 주스 대신 마시멜로가 들어 있는 코코아를 부탁하며 식탁 의자에 앉았다.

나도 아이들 곁에 앉아 머그잔에 담긴 커피를 마시며 하루를 어떻게 보낼지 무엇으로 하루를 채울지 느긋하게 생각하는 시간을 갖는다. 그러다 문득 '8년 동안 늘 같은 음식을 먹으면서도 아침이 다르게 느껴지는 이유는 뭘까?' 하고 궁금해졌다.   A

건축에서 집의 향向은 절대적이며 일반적이지 않다. 건물의 목적이나 사람의 생활 방식에 따라 좋은 방향이 나쁜 방향으로 될 수도 있고 또 그 반대가 될 수도 있다. 예를 들어 우리가 흔히 선호하는 남향은 주거 공간에서는 괜찮지만, 많은 양의 빛 때문에 학습 공간에서는 오히려 부담스럽다. 또한 동향은 아침에 깊숙하게 해가 들어오기 때문에 주로 밤 늦게까지 작업하고 늦게 일어나는 사람이라면 삶의 패턴이 깨질 수도 있다.

아침 시간을 즐기는 사람들이라면 식탁은 동향이 이상적이다. 일찍 일어나 식탁에 앉아 해가 뜨는 모습을 지켜볼 수도 있고 해가 떠오르면서 시시각각 변하는 하늘의 색을 감상할 수도 있다. 쏟아지는 아침 햇살 속에서 여유 있게 아침 식사를 한다는 것은 우리가 삶에서 누릴 수 있는 소소한 기쁨 가운데 하나가 아닐까.

우리는 아홉칸집에서 아침을 같이 한 적이 있다. 가족이 아닌 사람들과 아침 식사를 같이 하는 일은 드물다. 집의 공사가 마무리될 때쯤 마지막 잔여 공사와 잔금 문제가 시공회사와 원활하게 협의되지 않아 건축주는 속앓이를 하고 있었다. 우리는 이러한 일을 처음 겪고 있을 가족이 걱정스러웠다. 그래서 그 이야기를 들은 다음날 아침 일찍 그 전날 저녁에 사두었던 빵을 챙겨서 노곡리로 향했다. 그리고 식탁에 함께 둘러앉아 간단히 빵과 과일 그리고 커피를 먹으며 이야기를 나누었다. 그러고 나니 밤새 걱정스러웠던 우리의 마음도 조금 안정되었다. 실제로 일을 해결해주지 못했지만, 같이 둘러앉아 이야기를 나누고 눈을 맞출 수 있었다는 것만으로도 그날 아침 식탁에서 에이리가족이 조금의 위안을 찾았기를 바란다. **N**

침실

얼마 전 짧은 일정으로 강원도 여행을 다녀왔다. 강원도 산골에서 음악과 책, 그림을 좋아하는 사람이 운영한다는 에어비앤비Airbnb에 묵고 싶었기 때문이다. 그 숙소에 머물면서 바흐Johann Sebastian Bach의 〈골드베르크 변주곡Goldberg Variations〉 연주로 명성을 얻은 피아니스트 글렌 굴드Glenn Gould의 자서전을 읽으며 〈골드베르크 변주곡〉이 카이저링크Hermann Karl von Keyserlingk 백작이라는 한 개인의 불면증 치료를 위해 작곡되었다는 사실을 새롭게 알게 되었다. 불면증으로 고생해 수면제 대용으로 쓰일 수 있는 곡을 의뢰한 백작의 일생이 궁금해지는 순간이었다.

나는 화장실과 드레스 룸이 침실 안에 있는 아파트 구조 때문에 수없이 밤잠을 설친 경험이 있다. 그 경험은 일생에 잠이 얼마나 중요한지 깨닫게 해주었다. 그래서 만약 집을 짓는다면 가장 먼저 화장실과 드레스 룸을 침실과는 다른 곳에 두기로 마음먹고 있었다. 그리고 드디어 실행에 옮길 기회가 왔다. 우리는 네임리스건축과의 첫 미팅에서 특별히 세 가지를 부탁했다.

먼저 침실의 청결함을 유지하기 위해 현관 부근에 옷방을 주문했다. 그리고 가족의 숙면을 위해 소음이 잦은 부엌은 가능한 방과 멀리 떨어져 있었으면 좋겠다는 이야기도 빠뜨리지 않았다. 마지막으로 잠에서 깨어 가장 먼저 찾을 화장실 문은 되도록 미닫이문이였으면 더 바랄 게 없겠노라고 덧붙였다.

침실에는 6개월에 걸쳐 완성된 E15의 원목 침대와 야나기 소리의 버터플라이 스툴 하나가 조형처럼 놓여 있다. 그리고 아홉칸집의 다른 방과는 달리 커튼을 달지 않았다. 숙면을 위해 외부의 빛을 차단하는 커튼을 고려했지만, 막상 입주하고 보니 침실이 산과 마주하고 있어 밤에는 새까만 어둠으로 둘러싸였다. 깊은 잠에 빠져들기에 이보다 좋을 순 없었다. 하지만 도시의 밤을 기억하는 몸은 머리맡에 작은 스탠드를 두게 했다. 스탠드를 침실 밖으로 내쫓으려면 우리의 몸이 어둠에 완벽하게 익숙해지기를 기다려야만 했다.

인공의 빛이라고는 찾아 볼 수 없는 깊은 밤. 어느 날 빛의 기운이 너무 강렬해 "벌써 해가 떴구나." 하며 눈을 떴다. 안쪽 마당을 밝히는 빛 말고는 아직 어둠이 물러나지 않은 밤이었다. 나는 혹여나 침실과 붙어 있는 서재에 불을 켜고 잠든 게 아닌가 싶어 침대에서 일어나 밖으로 나왔다.

그때 마당에서 보이는 하늘에 낮게 뜬 커다란 달이 작고 낮은 사물들을 빛으로 세심하게 어루만지며 살피고 있는 광경이 눈앞에 펼쳐졌다. 그 자연의 광채는 빛이라기보다 출렁이는 물의 표면처럼 부드러웠다. 겨울 바람은 사그라들었지만, 숲을 덮고 있는 달빛 때문에 나무들이 마치 바람에 흔들리는 것처럼 보였다. 달빛이 이토록 아름답고 오묘한 것이었다니. 참으로 감격스러운 순간이었다.

방으로 들어가 침대에 누워 마당을 바라보니 고요히 빛나던 달빛은 어둠과 하나가 되어 가고 있었다.   A

하루 24시간은 모든 이에게 주어진 동등한 시간이다. 그 시간을 채우는 것은 육체적, 정신적 노동과 여가, 휴식 등 서로 다른 밀도의 행위들이지만 누구에게나 동일하게 비워지는 시간이 있다. 눈을 감고 생각이 사라지며 가끔은 비현실의 세계를 경험하는 수면 시간이다.

나는 잠의 원초적인 즐거움을 즐긴다. 인생의 3분의 1에 해당하는 잠이 어떤 관점에서는 비생산적이며 시간낭비라 여겨지기도 하지만, 사실 가장 생산적이며 의미 있는 시간이다. 잠을 자는 동안 우리는 기억을 정리하고 상처 난 몸과 마음을 치유한다. 독일 작가 프란츠 카프카Franz Kafka의 소설에 나오는 격한 변신은 아닐지언정 나는 늘 잠을 통해 변신한다. 차가운 아침 기운이 코끝을 스치는 아침이면 어제와 다른 새로운 몸과 생각을 마주한다. 어둠이 있기에 밝음이 있듯, 잠은 나머지 하루를 위해 기꺼이 비워야 할 가치 있는 시간이다. 특히 몸과 정신이 늘 소진되는 현대인에게 잠자는 시간은 더욱 큰 가치를 지닌다.

　이러한 이유로 침실은 집에서 쓰임새가 가장 단순하고 명료해야 하는 공간이다. 그곳에는 문명의 이기들을 최소화하고 잠을 이루기 위한 누울 자리와 어둠만 있다면 충분하다. 아홉칸집의 침실에는 침대와 작은 목재 스툴과 스탠드 그리고 그림이 하나 걸려 있을 뿐이다. 집을 방문해 조용히 침실을 들여다보면 그 고요함과 단정함에 잠시라도 누워 여유를 찾고 싶다. 침실은 잠을 자는 장소이다.　　N

여백

언제부턴가 그림을 그릴 때 여백을 위해 사물을 그려 넣는다는 것을 알게 되었다. 다르게 말하면 사물이 여백을 위해 존재하는 것처럼 교묘하게 분위기를 몰아가며 그림을 그리는 나 자신을 발견한다.

여백은 원래 '종이나 캔버스에 글씨를 쓰거나 그림을 그리고 남은 빈자리'를 뜻하지만, 나에게는 그 반대의 의미로 여백이 중심을 잃지 않도록 해준다. 그리고 그렇게 그린 그림은 큰 여운을 남긴다. 이러한 구도를 가장 잘 이해하고 표현하는 화가가 프랜시스 베이컨이다.

사진가 노경은 함박눈이 내린 어느 겨울날 사다리를 타고 지붕에 올라가 눈으로 덮인 옥상과 마당, 숲을 한 장의 사진으로 담아냈다. 네임리스건축은 그 사진을 연하장으로 만들어 새해 카드로 보내주었는데, 우리는 여러 번 들여다보고 나서야 아홉칸집 풍경이란 걸 알 수 있었다. 사진 속 여백은 웬만한 노련함 없이는 지루해 보이기 십상이다. 하지만 아홉 칸집의 풍경을 담은 사진 속 여백은 눈이라는 계절의 아름다움을 상상의 이미지로 바꿔주었다. 그 사진은 오랫동안 들여다보면 또 다른 이미지가 떠오르는 즐거움이 있다.

아홉칸집에서 여백을 찾는 것은 그리 어려운 일이 아니다. 먼저 여백은 거실에서 시시때때로 변한다. 사물의 크기와 위치, 각도에 따라 여백이 끊임없이 달라진다. 거기에는 특별한 감각이 필요한데 창조의 힘이 발휘되는 순간 여백의 아름다움도 달라진다. 나는 아홉칸집 곳곳에 달린 창과 외벽을 통해 계절마다 변하는 이미지의 여백을 사진으로 종종 기록한다. 그 여백은 우리가 인위적으로 만든 공간의 여백과는 조금 다르다. 자연이 벽이라는 사물과 포개질 때 여백은 넓고 깊어진다.

어느 가을날, 회색 외벽에 수놓아진 햇살과 나무 그림자 위에서 아이들이 놀던 모습은 깊은 인상을 주었다. 아이들은 순간을 놓치지 않고 자신의 몸과 손에 들린 사물을 비추며 그림자놀이를 했다. 그 모습을 바라보며 여백의 여지가 많을수록 삶의 풍경도 다양해진다는 것을 깨달았다.   A

우리는 산문적인 글보다 시적인 글을 좋아한다.
많은 것을 풀어내기보다 조금 압축적이더라도
여운을 남기는 글을 선호한다.

우리 건축 사무소의 이름을 지을 때도 그랬다.
아무것도 아닌 것으로 더 많은 것을 담을 수 있는 이름.
이름없음NAMELESS이 그러했다.

우리가 생각하는 건축도 그렇다.
너무 많은 것을 담기보다 경험하는 이들에게
해석의 여지를 남기는 건축을 생각한다.

집도 그러하다.
완벽한 집보다 덜 만들어진 집을 선호한다.
덩그러니 내던져진 아홉 개의 칸은 마감도 되지 않고
방의 목적도 정해진 바 없는 그저 비워진 구조물이다.
살아갈 사람은 방의 쓰임새를 고민하고 그에 맞는
가구를 들여 생활의 흔적으로 삶을 채워나간다.

여백은 텅 비워져 있기에 채워질 수 있는 가능성이다.　　**N**

Elevation
©NAMELESS Architecture

N 5

꿈꾸는 콘크리트

건축

살아가기 위해 필요한 최소의 것들이 있다. 음식은 신체의 활동을 지속하기 위해 꼭 필요하고, 옷은 연약한 우리의 신체를 보호하기 위한 것이며, 건축은 외부로부터 인간의 삶을 보호하는 장소이다. 그리고 이는 지역과 기후, 문화 등 조건에 따라 다채롭게 분화되어왔다. 시대의 형식, 지역의 재료와 기술, 권력과 자본의 상대적 차이에 따른 건축의 다양성은 우리에게 역사와 문화로 기록되고 전해진다.

이러한 관점에서 건축은 생활의 근본을 탐구하는 일이다. 생활은 미시적으로 우리 일상에서 마주하는 소소한 관계에서 거시적으로 우리가 쌓아온 역사와 문화 그리고 도래할 시대의 새로운 가치까지 큰 흐름의 맥락 안에서 바라보아야 한다. 여기에는 지금 시대의 일시적인 유행을 단순하게 반영하기보다는 기본을 바탕으로 새롭게 도래할 시대의 생활과 공간을 바라보는 보다 근본적인 시각이 필요하다.

우리에게 건축은 일상을 꾸려가는 직업이면서 동시에 삶의 원동력이자 긴 인생을 지루하지 않게 해주는 즐거움이다. 여러 갈래로 뒤엉켰던 아이디어의 실마리가 풀리는 순간이나 계획에서 실체가 만들어지는 순간 희열을 느낀다. 그렇기 때문에 프로젝트가 작든 크든 상관없이 우리에게서 나오는 결과물에 마음을 쏟아 영혼을 담고 싶다. 시간이 지날수록 건축은 미지의 영역과도 같다고 느낀다. 우리가 상상하고 계획하는 것들이 우리 손으로 직접 만들어지기보다는 현장 작업자들 및 다른 많은 사람을 통해 실현되기 때문이다. 세상의 많은 것과 조율해나가며 시대를 반영하지만, 또 한편으로는 그것을 뛰어넘는 건축도 상상한다.　　　N

'아 여기에 살고 싶다!' 이러한 생각을 불러일으키는 건축. 그런 강력한 이끌림을 직접 경험해본 적이 있을까? 나는 일생에 딱 두 번, 운명적인 건축을 경험해본 적이 있다. 그 운명의 순간이 없었더라면 지금의 아홉칸집도 아마 없었을 것이다.

먼저 미국 뉴멕시코주New Mexico 아비키우Abiquiu라는 작은 마을에 있는, 아메리칸 모더니즘의 선구자로 불리는 화가 조지아 오키프Georgia O'Keeffe의 집이 그러했다. 황량한 사막 한가운데에 흙과 나무로 만들어진 이 작은 집의 외관은 햇볕에 익은 사막의 모래 무덤을 연상시켰다. 흙으로 곱게 바른 집 내부의 벽은 땅의 색을 띠었다. 나는 형식과는 상관없이 황무지에 사막의 모래 무덤과 언덕을 닮은 건축이 존재한다는 사실에 충격을 받았다. 저런 곳에서 일생을 보내야 하는 사람이라면 생에 대한 강력한 의지 없이는 불가능하리라. 파란만장한 인생 항로와 맞선 고독한 예술가 오키프가 지은 집은 미의 성소sanctuary였다. 집을 구성하는 내부 공간은 화가의 그림처럼 단순하면서도 합리적인 기능과 아름다움으로 채워져 있었다. 아틀리에서 광활한 사막을 바라보며 생전에 "공기도 하늘도 별도 바람도 이 모든 게 여기에서는 다릅니다."라고 말한 그 땅을 몹시도 보고 싶었다.

르 코르뷔지에가 설계한 스위스 레만 호숫가의 〈작은집〉도 다르지 않다. 이 두 건축은 풍부한 자연환경 안에서 평범하면서도 명쾌하다. 내가 르 코르뷔지에의 건축을 좋아하는 진짜 이유는 자신의 주택을 소유하지 않은 르 코르뷔지에가 의뢰 없이 설계한 레만 호숫가의 〈작은집〉에 담긴 이야기 때문이다. 널리 알려진 대로 그 집은 부모님을 위해 만들었고 그의 어머니는 100살까지 그곳에서 여생을 보냈다. 그의 어머니가 매일 아침 하얀 커튼 너머로 호숫가의 풍경과 쏟아지는 햇살과 녹음을 바라보며 행복한 일상을 보내는 모습을 상상해보라.

르 코르뷔지에도 〈작은집〉의 터를 발견하고 그 땅을 밟은 순간부터 완성되는 마지막 순간까지 행복한 미소를 지었을 것이다. 인간에 대한 애정을 건축으로 표현한 르 코르뷔지에가 멋질 수밖에 없는 이유이다. 건축만큼 인간의 삶에 대한 존중과 찬양을 동시에 표현하는 예술이 또 있을까.　A

건축주

건물이 만들어지는 대부분의 경우 목적과 예산을 갖고 일을 의뢰하는 건축주와 건물을 설계하는 건축가라는 두 주체가 필요하다. 좋은 건축을 위해서는 이 두 주체의 역할이 중요하다. 역사적으로만 봐도 좋은 건축주가 있었기 때문에 건축가가 훌륭한 건물을 만들 수 있었고 더 나아가 도시 전체의 모습을 바꾸기도 했다.

건축주 피에르Pierre와 유지니 사보아Eugenie Savoye 부부가 있었기에 건축가 르 코르뷔지에의 근대 건축 5대 원칙이 녹아든 근대 건축의 표상 〈빌라 사보아Villa Savoye〉가 지어질 수 있었다. 핀란드 건축가 알바 알토는 취향과 의견이 서로 잘 맞았던 굴리크센Gullichsen 부부를 만나 자연과 예술, 일상이 결합된 핀란드 마이레아 주택Villa Mairea을 만들었고 나아가 가구회사 아르텍Artek을 같이 설립해 현재까지 많은 사람이 널리 사용하는 가구들을 양산하고 있다.

일본의 교육기업 베네세의 회장 후쿠타케 소이치로福武總一郞는 산업 폐기물이 버려졌던 나오시마섬直島을 20년이라는 시간에 걸쳐 안도 다다오安藤忠雄 등 건축가와 함께 수많은 방문객이 찾는 예술의 섬으로 변화시켰다. 건축주의 의지와 인내 그리고 자연과 건축에 대한 이해가 없었다면 절대 만들어질 수 없는 프로젝트였다.

언제부터인가 우리는 좋은 건축주를 만나는 것에 조급해 하지 않기로 했다. 건축주를 만나는 것 역시 서로의 인연이 닿아야 한다는 것을 알았기 때문이다. 설계를 하고 건물이 만들어지는 최소 1-2년의 세월 동안 우리와 건축주는 작은 일에서부터 큰 결정까지 서로를 마주하며 많은 것을 나눈다. 이 과정에서 건축적인 생각을 나누기도 하지만, 반대로 우리는 건축주들로부터 삶의 태도, 생각, 일에 대처하는 방식 등 다양한 배울 점들과 마주한다. N

상욱과 나는 피에르와 유지니 사보아 부부나 굴리크센 부부처럼 부유한 사업가는 아니다. 세속적인 것만 따진다면 결코 그렇지 않다. 그러나 그들보다 월등히 젊은 나이에 네임리스건축을 만났다.

30대 중반의 남편은 두 아이의 아빠이자 코르뷔지에와 나까지 먹여 살려야 하는 고된 직장인이다. 그러면서도 진실하게 삶의 의미를 찾는 따뜻함을 잊지 않는다. 나는 내 삶이 소중하듯 그의 첫 직장을 응원하고 싶어 10년 가까이 다니던 직장을 그만두고 집안 살림을 맡았다. 나는 그제야 엄마 역할을 하면서 그림을 그리는 것이 내 운명이라는 사실을 깨달았다.

상욱과 나는 일본에서 2011년 동일본 대지진을 함께 겪으며 살아남았다. 그러한 경험은 아직 남아 있는 시간과 삶에 대해 깊게 생각하게 만든다. 쓰나미에 휩쓸려 사라지는 사람들을 보며 존재의 불행에 대해 고민하게 되었다. 여전히 가늠하기 어려운 시간이 지금 이 순간을 더 소중히 하라고 재촉한다.

햇살과 새소리, 아름다운 가구, 매일 사용하는 생활용품, 건축과 그림, 광활한 숲. 이것은 우리가 오랫동안 소중하게 간직해온 것들이다. 우리가 아름답다며 느끼고 본 것을 생활 속에 더 깊숙이 더 가까이 두고 싶었다. 아름다움에 대한 갈망은 결국 집을 짓도록 했다. 그것만이 사보아 부부와 굴리크센 부부와 닮아 있는 듯하다.

우리는 이 정도의 집을 짓는 데 돈이 얼마나 드는지 예상하지 못했다. 설계비와 공사비 그리고 추가 공사비가 왜 드는지. 집이 완성되는 사이에 이사를 두 번 해야 했고 부모님과 은행에 돈도 빌렸다. 그 많은 일을 1년 동안 어떻게 해냈는지 기억이 나지 않는다. 다만 떠오르는 것은 초라하고 고독해 보이던 노곡리가 처음부터 우리에게 어울리는 마을이었다는 것과 대지에 들어섰을 때 잠들어 있던 감각을 깨워주었던 반가운 자연의 숨소리이다.

상욱과 나는 위기에 처할 때마다 그 기억으로 버텨냈다. 네임리스건축은 차분하게 그런 우리를 지켜보며 응원했다. 입주하고 두 달 뒤, 크리스마스 트리를 꺼내면서 네임리스건축이 몹시 그리워졌다. 나는 조금이라도 마음의 빚을 덜어내려고 작은 선물과 함께 손편지를 써서 그들의 사무실로 보냈다. **A**

감각

건축물을 보았을 때나 공간에 들어섰을 때 사람들은 어떤 무엇보다 자신의 감각에 즉각적으로 반응한다. 눈에 보이는 것이 가장 우선시 되는 것 같지만 돌이켜 생각해보면 공간에 대한 기억은 다른 감각 즉 청각, 촉각, 후각으로 더 깊숙하게 각인된다. 예를 들어 할머니 집의 삐걱거리는 마룻바닥이나 절을 떠올리면 그곳에서 나는 고목 냄새가 생각난다.

평소에 도시를 걸어 다닐 때 일부러 감각을 곤두세우지 않는다. 오히려 무디게 하려고 노력한다. 차량의 경적 소리, 골목길의 쓰레기 더미, 행인의 담배 연기, 고르지 않은 보도블록 등 원하지 않고 유쾌하지 않은 수많은 정보를 차단하기 위해 나를 둘러싸는 보호막을 친다. 평소에도 우리가 가진 감각들은 자연스레 무뎌진다. 이는 서글픈 일이다.

도시를 벗어나면 우리는 좀 더 감각을 여는 데 여유로워진다. 나뭇잎들이 바람에 흔들리는 소리, 낙엽을 밟으면

발로 전해지는 바스락거리는 느낌, 흙에서 나는 냄새 등은
몸을 이완시키며 감각의 세포들을 일깨운다. 아홉칸집을 설
계할 때 우리는 자연이 풍요로운 이 대지에서 감각을 차단
하는 건축물이 아닌 거주자의 감각을 열어주는 공간에 대해
고민했다. 그리고 그 고민은 건물을 대지의 어느 위치에 어
떤 모양으로 놓을지에서 출발했다.

　　우리는 긴 장방형의 대지 한가운데에 건물을 배치해
앞마당과 뒷마당을 크게 넣었고 측면에 작은 마당을 만들었
다. 여러 방향에서 보이는 풍경이 섬세하게 서로 달랐기 때
문이다. 작은 집이지만 앞마당이 보여주는 빛과 그림자, 뒷
마당에서 볼 수 있는 빛과 그림자는 해의 방향과 주변의 자
연 변화로 큰 차이가 있었다. 자연의 소리 또한 그러했다.
열린 앞마당 쪽 방들에서 듣는 소리와 숲과 마주한 뒷마당
쪽 방에서 들리는 소리는 달랐다.

　　콘크리트라는 단일 재료에 개구부를 어떻게 낼 것인가
도 중요한 요소였다. 벽에 만든 창은 형태는 지우되 바닥에
서부터 천장까지 꽉 차게 뚫었다. 이곳의 자연은 프레임화
해서 보기보다는 땅에서부터 하늘까지 고루 감상하는 것이
좋겠다고 생각했기 때문이다. 가운뎃방 천창은 원형으로 형
태를 강조했다. 빛과 그림자 그리고 떨어지는 빗소리를 가

장 극적으로 느낄 수 있는 장소이다. 예상하지 못했던 점은 바다, 벽, 천장이 모두 콘크리트로 되어 집이 마치 동굴 같아 소리의 울림이 유난히 좋다는 것이다. 어느 날 아홉칸집을 방문했을 때 집안에 재즈 음악이 울려퍼지고 있었는데 꼭 음향 시설이 잘 갖춰진 음악실에 들어와 있는 것 같았다. 음악을 들으며 식탁에 앉아 발끝으로는 콘크리트 감촉을 느끼고 점점 푸르러지는 창밖의 자연을 바라보면서 커피를 마시는 순간이 건축가로서 행복했다.

창작하는 사람들은 무엇인가에 잘 감동하고 감탄하는 것이 중요하다. 작은 것에도 감동할 수 있다는 것은 남들이 발견하지 못하는 무언가를 찾아내고 거기에서 느끼는 바가 있다는 것이다. 그렇게 바라보고 발견하는 시선이 또 무엇인가를 만들어내는 힘이 된다. 냉소적인 태도는 오히려 쉽다. 우리가 가진 고유의 능력인 감각을 어떻게 잘 일깨울 수 있을까 고민한다. 그런 장소를 만들고 싶다.　　　　**N**

한국에서 가진 첫 개인전에서 큐레이터가 이런 질문을 했다.

"작가에게 작업이란 끊임없이 자신의 내면을 소모하는 일이다. 어떻게 채우는가?"

그때 나는 내 삶의 방식이 창조에 필요한 요소들을 채워준다고 말했다. 예를 들어 내면의 감각을 유지하는 데 방해되는 휴대폰과 텔레비전이 없는 생활, 가까운 거리는 걸어가는 생활 방식이 창작하는 데 도움을 준다고 말이다. 그러면서 휴대폰 없는 생활이 불가능한 구조로 되어버린 우리 문화에 불만을 내비쳤다.

하지만 이 대답은 사실 솔직하지 못했다. 일상적인 삶의 방식이 영향을 주는 건 맞지만, 창작하는 데 필요한 감각은 훌륭한 그림을 보고 나서야 열린다. 나는 그런 그림을 보고 나면 아틀리에로 돌아가 그림을 그리고 싶어진다. 그러한 순간이 살아 있음을 느끼게 한다. 미술관을 드나들며 창작의 불씨가 꺼지지 않도록 했다고 덧붙였어야 옳았다. 나에게 창작은 내면의 감각이 완전히 열릴 때 비로소 사물을 바라볼 수 있게 한다.

감각이 사물을 보고 이미지를 읽어낸다. 길을 걷다가 만난 풀 한 포기 혹은 누군가 가꾸고 있는 집앞 화단의 꽃에서 〈태양의 강요〉와 〈사유의 길〉 같은 그림을 그릴 수 있었다. 가까운 이웃들과 가족들의 모습에서 인간의 감성을 읽어낼 수 있었다. 거기에서 나는 나와 똑같이 살아 있는 생명의 기운을 얻어 그림을 그렸다.

생활과 창작 활동이 동시에 이루어져야 하는 나에게 필요한 공간은, 집이라는 개념을 지닌 것과 동시에 감각의 입구가 완전하게 열려 상상할 수 있는 곳이어야 한다. 그럴 때 자연은 그 무엇으로도 채워지지 않는 것을 나에게 준다.

우리 집은 천창을 제외하고 내외부 모두 낮게 구성되었다. 건물을 누르고 있는 육중한 지붕조차도 주변의 수목보다 낮은 자세로 놓인 건물 때문에 공손한 이미지를 풍긴다. 다섯 개의 외부 계단은 막 걸음을 땐 어린아이도 오를 수 있는 최소의 높이로 만들어져 의식하지 않으면 그곳에 계단이 있는지 잘 모른다. 대지를 닮은 테라스의 형태와 색, 땅 위로 살포시 올라온 자연스러움. 현관문을 열어 신을 벗고 집안으로 들어올 때도 그 감각은 유지된다.

원형 천창이 달린 가운뎃방에서 화장실과 욕실로 들어설 때 몸이 의식하는 바닥의 턱은 사라진다. 하지만 욕실의 유리문을 열면 바닥의 턱은 다시 나타난다. 아홉칸집에 존재하는 세 개의 문턱을 경험하며 나는 건축가가 '의식의 감각'을 만들어낼 수도 있다는 것을 처음으로 알았다. 의식은 항상 무언가를 지향하도록 만든다. 과거와 현재 그리고 미래를. 나는 이러한 건축이 네임리스건축이 가지고 있는 또 다른 힘이라고 생각한다. **A**

봄

아직 추운 1월 즈음 아홉칸집이 완공되었다. 그리고 풍성하지는 않지만 최소한의 조경을 위해 몇 그루의 작은 나무와 뿌리만 있는 고사리를 땅에 심었다. 고사리를 심으면서 이들이 과연 자라날까 의문이 들었다. 하지만 시간이 조금 지나 다시 찾은 정원에는 힘찬 초록색 잎들이 흙을 뚫고 나오고 있었고 그 잎들 사이에서 봄의 생명력을 볼 수 있었다.

우리는 몇 년 전부터 아파트에서 벗어나 주택에서 살기 시작했다. 그리고 그때부터 봄이 분주해졌다. 작은 마당이지만 겨울 동안 쌓였던 낙엽을 치우고 정원의 흙을 살펴보며 봄의 기운을 느낀다. 겨우내 생각했던 새로운 식물들을 심어보기도 한다. 마당에 떨어지는 빛의 각도가 달라졌음을 느끼면서 간단한 정원일을 한 뒤 마당에 잠시 앉아 별생각 없이 멍하게 있는 순간이 참 소중하다.

정원 가꾸기 이외에도 주택에 살면 기본적인 것들을 점검하고 가꾸는 일이 필요하다. 여름이면 장마를 대비해 배수구나 방수가 벗겨진 부분, 물이 세는 곳을 점검하고 때가 되면 정화조 비우는 청소를 해야 하며 겨울에 눈이 오면 집주변이 얼지 않게 부지런히 쓸어야 한다. 일상에서 이러한 것들은 귀찮고 하찮은 일이지만, 의외로 우리에게 단순노동의 즐거움을 알려준다. 아파트는 누군가 수고스러운 일들을 대신 관리해주어 편리하지만 살기 위한 기계 같은 느낌이 든다. 하지만 주택은 계속 이야기 나누고 보살펴야 할, 주인과 함께 살아가는 유기체 같다. **N**

지난 봄에는 도시에서 온 새내기 정원사였기에 첫 봄을 게으름으로 날려버렸다. 그해엔 겨우 바늘꽃 몇 주를 마당 곳곳에 심었을 뿐, 유난히 추웠던 겨울을 이겨내고 힘차게 싹 틔우는 자연의 힘에 넋을 잃고 바라만 봤다.

그렇게 뒷짐 지고 있는 동안 가을 내 떨어진 나뭇잎과 잔가지들이 녹은 눈 아래에서 썩어가는 줄도 모른 채 봄을 맞이했다. 우리는 무릎까지 오는 고무장화를 신고 고약한 냄새가 나는 곳으로 들어가 그것들을 청소하면서, 부끄러운 마음 앞에서 두 번 다시 봄을 놓치지 않으리라고 다짐했다. 올봄은 가을에서 겨울로 넘어갈 때까지 마당에 떨어진 참나무 잎들을 부지런히 치운 덕분에 한껏 여유롭다. 우리는 마당을 치우는 것에 그치지 않고 뒷산에 올라가 겨우내 떨어진 나뭇가지와 나뭇잎에 뒤엉켜 나뒹굴고 있는 밤송이를 눈 치우듯 쓸었다.

몇 해 동안 떨어진 나뭇가지들을 한곳에 모으니 수북히 쌓였다. 나뭇잎으로 뒤덮여 있던 자리에는 진달래의 어린 수목이 늘어지게 기지개를 켜는 것처럼 보였다. 하루면 끝날 것 같았던 육체노동은 몇 주 만에 겨우 끝이 났다. 얼어붙은 땅이 녹기 시작하자 나무의 뿌리를 덮고 있던 이끼가 일제히 초록빛을 내기 시작한다. 그 뒤를 쑥과 야생풀이 얼굴을 내밀어 봄소식을 전한다. 어느덧 잔디 사이로 솟아 나는 풀을 보니 그 강인함에 발길이 떨어지지 않는다. 선이 고운 히어리는 벌써 꽃망울이 맺혔고 집 앞에 심어놓은 조팝나무에는 어린싹들이 올라왔다. 반가운 봄은 원고 마감을 코앞에 둔 나를 가만히 두지 않고 결국 삽을 들게 했다.

오늘은 겨우내 계획했듯이 엉성한 조팝나무를 새로운 곳으로 옮기자. 그리고 나는 내일도 겨울에 사다 놓은 보라등심붓꽃과 이메리스를 땅에 옮겨심기 위해 고무장화를 신고 밖으로 나갈 것이다.　　　　　　　　　　　　**A**

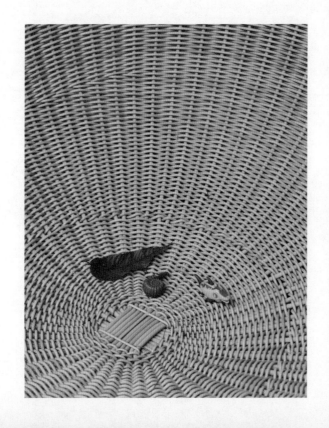

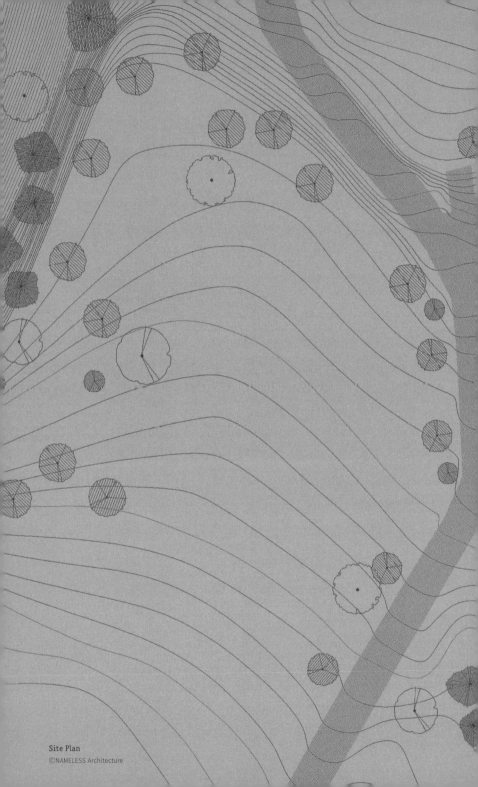

Site Plan
©NAMELESS Architecture

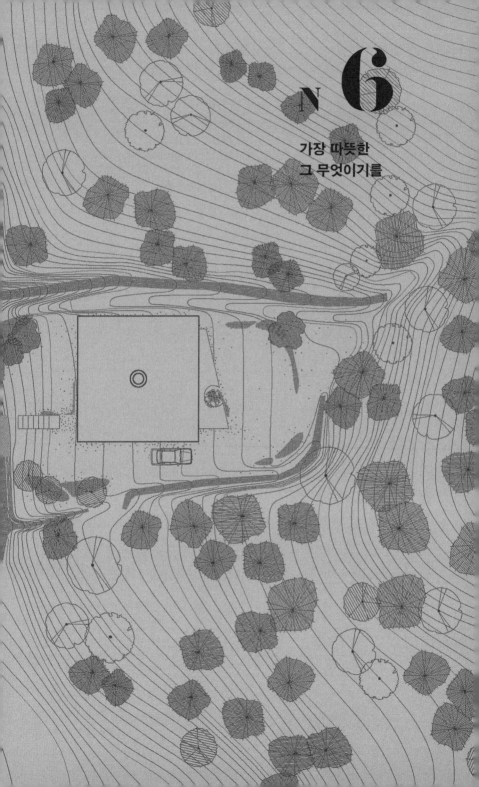

가장 따뜻한
그 무엇이기를

집은 생활이 이루어지는 장소이다. 이제부터 이야기할 몇 가지는 네임리스건축이 생각하는 좋은 집에 관한 생각이다.

첫 번째, 덜 만들어진 집은 풍요롭다. 모든 것이 빈틈없이 조율된 완벽한 집은 삶의 변화와 유동성에 대응하기 힘들다. 살아가는 것은 변하는 과정이기에 삶을 담는 공간 역시 변화의 여지가 필요하다. 특히 건축물은 땅에 기초를 내리고 있는 단단한 구조물이기 때문에 유연함으로 변화의 가능성을 드러내는 일이 무엇보다 중요하다. '덜 만듦'은 대지에 집을 앉히는 방식에서 시간과 장소를 고려한 재료의 사용, 확정되지 않은 기능, 안과 밖의 경계의 유연함, 방과 방의 관계까지 다양한 관점의 덜어냄을 통해 형성될 수 있다. 그리고 이러한 관점은 처음에는 완성되지 않은 풍경으로 인식될 수 있지만, 시간의 흐름과 거주자의 생활을 통해 새롭게 채워질 가능성을 갖는다. 결국 덜 만든 집은 사는 이와 시간으로 채워질 수 있는 집이다.

두 번째, 집은 속과 겉이 다르지 않을수록 좋다. 집은 진실하고도 견실한 구조기술에 의해 뼈대를 갖춘다. 집의 뼈대는 콘크리트나 철, 나무 등 강성과 연성이 적절히 혼재된 구조재를 통해 중력과 외부에서 받는 힘을 버틸 수 있도록 형성된다. 뼈대가 완성된 뒤 대부분은 시각적으로 익숙한 재료나 색상으로 이를 감추고 덮어버린다. 우리는 이것을 마감이라 부른다. 최소의 마감으로 건축의 뼈대를 감추지 않고 그들이 만들어진 형식을 솔직하게 드러내는 것은 건축이 숨 쉴 수 있도록 한다. 동시에 최소의 마감은 구조, 재료, 접합, 방수 등 시간의 흐름으로 손상될 수 있는 기술적 문제들을 최소의 개입을 통해 해결할 수 있게 한다. 마감을 줄여 속살을 노출하는 것은 집이 만들어진 근본을 드러내는 일이다. 오히려 숨겨야 하는 것은 의미 없이 단순하게 칠해진 흰 벽과 억지스럽게 따뜻한 집의 감각이다.

세 번째, 집은 새로운 상식을 통해 삶의 영감을 주어야 한다. 사람과 사람이 만나 영감을 주고 새로운 감각을 불러일으키는 것은 살아가는 공간을 마주했을 때도 동일하게 작용한다. 무미건조한 생각과 가치를 지닌 집에서 살아가는 것은 어쩌면 불편해서 빨리 헤어지고 싶은 사람과의 만남

과도 같다. 공간이 사람을 변화시킨다는 계몽적인 건축가의 관점에 동의하지는 않지만, 평생을 살아갈 집이 사람의 심성에 영향을 미칠 수밖에 없다는 것은 부정하기 힘들다. 집은 산업화된 기계도 아니고 관념적인 수사도 아닌 실체이다. 그러므로 새로운 경험을 통해 생활에 가치를 부여하고 삶을 만들어갈 수 있는 만남이 무엇보다 중요하다.

우리는 '덜 만듦'을 통해 풍요로울 수 있고 속과 겉이 다르지 않으며 새로운 경험으로 사는 이들에게 영감을 줄 수 있는 집을 꿈꾼다.   N

아무리 좋은 여행지를 다녀오더라도 집에 도착하는 순간 다들 이렇게 말한다.

"집만 한 곳이 없다."

가끔 서울을 다녀올 때면 노곡리 마을 입구에서부터 준성이는 "아빠, 집이야, 집! 난 집이 제일 좋아!"라고 외치며 가장 먼저 집안으로 들어간다.

"집이 왜 좋아?"

이러한 나의 질문에 준성이는 몸에 비해 아직은 큼직한 소파에 누워 자기 장난감을 가리킨다.

아홉칸집에 관한 생각은 센다이시의 동네 가미스기에서 시작되었다. 경애와 당시 갓 태어난 준성이와 함께 많은 시간을 보냈던 이 집은 삼각형 형태의 건물에 다섯 세대가 살았다. 세대마다 집안 구조는 제각각이었다. 특히 우리 집은 유일한 복층 구조였는데 2층에는 방과 욕실, 화장실이 있었고 1층에는 부엌과 거실이 있어 예전의 집과는 조금 색달랐다. 독특한 구조였던 만큼 가구 배치는 어려웠지만, 몇 번의 조정 끝에 '음, 좋아.' 하며 만족할 만한 구성을 이루었다. 그리고 그 집의 곳곳에는 경애의 그림이 걸려 있었다. 그림이 있는 환경에서 자라지 않은 나는 그 그림들이 주는 싱싱하고 힘찬 기운이 무척이나 신선했다.

가미스기의 집에 경애의 그림이 곳곳에 걸려 있었듯 지금 사는 아홉칸집도 그림으로 가득하다. 그리고 그림과 함께 공간을 가득 메우고 있는 것은 음악이다. 텔레비전 없는 우리 집에서 음악이란 어느새 공기와 같은 존재가 되었다.

처음 노곡리를 찾았을 때 채소밭이었던 땅에서 우리가 눈여겨본 건 대지를 둘러싼 숲이었다. 이 멋진 환경에 집을 짓자. 우리의 추억이 깃든 가구도 하나씩 집어넣자. 아이들과 마음껏 마당에서 뛰어놀자. 이러한 상상을 하니 정말로 이루어질 것 같았다. 그리고 용기가 났다.

사람들은 왜 이러한 시골에 땅을 샀냐고 묻는다. 나는 당당히 숲을 산 것이라고 대답한다. 숲은 계절에 따라 변하고 그 변화는 하루를 소중히 하며 지낼 때마다 새로운 경험을 안겨준다. 그리고 또다시 새로운 삶을 기대하게 하는 힘이 있다. 가미스기에서 시작된 아홉칸집이 노곡리의 자연을 만나 완성된 것 같은 기분이 든다.

어느새 어른이 되었고 사회에서는 일의 효율을 높여 최고를 향해 달려가야 한다. 하지만 회사를 벗어나 집으로 향하는 순간부터는 그러한 굴레에서 벗어나려고 노력한다. 집은 효율적인 삶을 위해 존재하는 공간이 아니라 그저 자신이 좋아하는 것들로 가득 찬 곳, 편안하게 숨 쉴 수 있는 공간이면 된다. 조용한 시간을 가질 수 있고 소파에 앉아 그림을 보거나 음악을 들으며 사랑하는 가족과 많은 시간을 보내는 집말이다. 건축가 김중업이 말했다.

"문명이 아닌 문화가 끌고 가야 한다."

문화가 어떤 것인지 분명하게 말할 수는 없지만, 분명 아홉칸집 안에는 우리만의 고유한 문화와 철학이 깃들어 있다. 아이들이 네임리스건축이 완성해준 찬란한 우리 집에서 행복한 추억을 만들어갔으면 좋겠다. 그리고 유년시절의 집을 떠올렸을 때 가장 따뜻한 그 무엇이기를 바란다. **A**

미완의 집

2016년 6월 6일 그들을 처음 만났다. 그들은 우리에게 삶의 거처에 대한 바람을 전했고, 우리는 1년여에 걸쳐 작은 집 하나를 지었다. 그 집은 너무 소박한 나머지 그저 작은 시골 집으로 보일 수 있지만, 어떤 이에게는 꿈을 만들어가는 소중한 터전이다.

집은 우리 시대에 다양한 함의를 갖는다. 집은 부동산을 통한 부의 축적이자 자산 증식의 도구이며 때로는 자식 교육을 위한 전진 기지이고 안정적인 사회적 지위를 드러내는 물증이기도 하다. 이러한 집의 기능이 부정할 수 없는 현실임에도 이것이 사회적 역기능임을 인지한다면 집의 근본을 다시 돌아보아야 한다. 너무나 당연한 이야기이지만, 집은 삶이 이루어지는 장소이다.

어디에서 어떻게 살 것인가는 매우 현실적인 문제이며 동시에 삶의 가치에 대한 문제이기도 하다. 삶을 지속하기 위한 필수 요소로서 일상에서 늘 마주하는 공간에 대한 기호와 취향은 개인이 선호하는 맛과 냄새만큼 다양하다. 조금 다른 점은 집이 살아가는 지금 이 순간의 이야기에 머물지 않고 가족의 과거와 현재 그리고 미래를 연결하는 매개체라는 것이다. 그러기에 '어떤 집에서 살고 싶은가?'라는 질문은 '어떤 꿈을 꾸고 있는가?'라는 질문과 이어진다.

우리는 완성되지 않은 아홉칸집을 만들었다. 물론 집이 완성된다는 의미는 일반적으로 건물이 물리적으로 완공되는 시점을 의미한다. 하지만 그것은 단지 비워진 그릇이 완성되는 순간일 뿐이다. 그곳에 가족의 생활과 시간 그리고 기억들을 채워 삶이 깃든 집을 완성해간다. 집은 물리적인 실체인 동시에 물질화될 수 없는 시간과 기억을 지닌다. 아홉칸집은 이러한 집의 근본을 바라보고자 했다. 텅 비워진 그릇을 생활로 채워나가며 흐르는 삶에 반응할 수 있는 유동적인 공간. 그곳은 불필요한 요소는 덜어낸 아홉 개의 방으로 이루어진 최소의 건축이다.

이 시대의 좋은 집은 건축가가 홀로 만들 수 없다. 넓은 방, 고급스러운 재료, 완성도 높은 디테일이 좋은 집의 필수 조건은 아니다. 그런 집은 그저 넓고 비싸고 말끔할 뿐이다. 어쩌면 살아가기 불편하지 않을 만큼의 크기에 조금 덜 만들어지고 더 많이 남겨진 집일수록 거주자의 삶을 통해 완성될 여지가 많다. 여지餘地는 남겨진 땅이며 동시에 새로운 것이 생성될 가능성이기도 하다. 아홉칸집은 이러한 가능성을 위해 미완으로 남겨졌고 이 집은 그곳에서 살아갈 사람들로 완성된다.

이러한 시각은 아홉칸집이 가진 의미이자 이 책을 만들게 된 이유이기도 하다. 이 집을 통해 연상되는 단어를 선별해 그 단어를 사이에 두고 건축가와 거주자 두 주체가 서로의 관점을 이야기하며 교감한 방식은 집에 관한 같은 듯 다른 생각을 담게 했다. 결국 집은 그 주변 풍경과 현상을 통해 건축가와 거주자의 상호 교감으로 완성된다. 이것으로 처음에는 건물이 건축가를 닮지만, 시간이 흐르면서 거주자를 닮아가는 이유이다. 이것이 집이 가진 가장 원초적인 가능성이라고 생각한다.

이 책은 하나의 집을 계획하고 삶을 통해 완성해가는 풍경과 현상에 대한 기록이다. 그리고 그 과정에는 한 가족이 있다. 에이리가족과 함께 집을 만드는 일은 신뢰와 믿음을 쌓아가는 과정이었고 좋은 집을 만드는 일에 가장 중요한 것이 사람 사이의 관계임을 다시 한번 깨닫게 했다.

책의 기획자로서 질책과 격려를 아끼지 않은 사이트앤페이지 박성진 디렉터, 책을 만드는 모든 과정에 사려 깊은 배려를 해주신 안그라픽스 문지숙 편집주간, 1년이 넘도록 이곳 생활의 풍경을 사진으로 담아 생생하게 기록해준 노경 작가에게 감사드린다.

마지막으로 건축을 함에 늘 걱정과 지원을 아끼지 않는 사랑하는 가족 그리고 올해 세상의 빛을 보게 될 우리 아이에게 고마움을 전하고 싶다.

네임리스건축 나은중, 유소래

아홉칸집 작업 일지

설계 문의

건축주로부터 설계문의
메일 수신

대지 답사

건축주와 함께 집이 들어설
노곡리 대지 답사

건축주 이메일

가족의 취향, 특성 설명

A

"경기도 광주시 도척면 노곡리에
땅을 매입했는데 집을 지으려
합니다. 땅을 처음 만났을 때
임스하우스가 떠올랐고 가장
근접한 건축가로 네임리스건축이
떠올랐습니다. 개인주택도
설계하시는지요?"

N

"대지가 주택이 들어서기에
이상적인 장소인 것 같습니다."

"비워진 대지에서 시작 전에
가족사진을 찍어드릴께요.
완공 후 다시 사진을 찍는다면
의미가 있을 것 같습니다."

A

"저희 가족은 집에서 지내는 걸
굉장히 좋아해 많은 시간을
집에서 보냅니다."

"의자를 정말 좋아해요. 아이들
첫 생일 선물로 돌잔치 대신
의자를사주었습니다."

건축주 메일 수신

비워진 대지에서 가족 사진

건축주 메일 수신

건축주의 초기 아이디어 스케치

대지 사용에 관한 초기 모형

기존 동탄 아파트 생활 모습

첫 번째 디자인 만남

서로 다른 두 가지
디자인 안에 대한 미팅
1안　장방형 평면 (6개의 방)
2안　정사각형 평면 (9개의 방)

디자인 방향 결정

건축주, 정사각형 평면으로
디자인 방향 결정

두 번째 디자인 만남

1　평면의 구성 구체화
2　건물 외부 및 내부 재료 결정
　: 콘크리트
3　중단열 공법 선택

N

"기존에 익숙했던 아파트의
평면과 구조는 잊고 가족에게
맞는 새로운 삶의 공간을
생각해봅시다."

A

"새로운 경험을 한다는 건
참 좋은 일인 것 같습니다."

"동굴 같지만 공간이 유기적으로
연결되는 아홉 칸의 방으로
진행했으면 합니다."

A

"동굴 같은 집에 사는 것이
꿈이었어요. 욕조, 세면대,
싱크대도 모두 콘크리트였으면
좋겠어요."

"매끈한 노출 콘크리트 면보다
거칠지만 자연스러운
콘크리트 면이 더 좋네요."

디자인 Alt1 장방형 모형

디자인 Alt2 정사각형 모형

디자인 미팅

건축주 메일 수신

모형

콘크리트 건물 사례 답사

디자인 최종 결정

1 기존 가구 배치를 고려한
  평면 조율
2 내부 콘크리트 붙박이 가구
  디자인 결정
3 창호, 도어 위치 및 크기 결정

A
———

"집에 와서 3.6×3.6m 크기를
재어보니 크기가 작지 않더군요.
기존에 사용하던 가구들을
잘 배치할 수 있을 것 같습니다."

실시 설계 디자인 만남

1 건축 및 구조, 기계, 전기,
  통신 설계 조율

A
———

"상욱이 보안에 대한 걱정을
많이 합니다. 건물 외부에 보안
카메라를 두세 대 설치하고
싶어요. 또 외부 마당에 야외
수도꼭지를 설치해주세요."

건축 신고 및 설계 완료

건축 도서(설계 도서, 계산서,
시방서) 최종 납품

A
———

준성이가 잠들기 전 도면을
훑어보고 있는 엄마 옆에서
천장 도면을 보더니
"엄마, 이건 공이야?"라고 물어서
"이건 비밀인데……. 여기서
별과 달을 만날 수 있을지도
몰라."라고 말해주었습니다.
준성이의 반응은, "우와!"

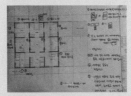

건축주 요구 사항

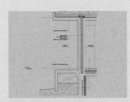

단면 상세도

기존 사용 가구 리스트

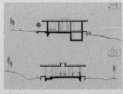

단면도

실시 설계 도서 최종 납품

| MAR 2017 | APR 2017 | MAY 2017 |

시공사 입찰 및 시공사 계약

1 시공사 세 곳 경쟁입찰 진행
2 시공사별 내역서 검토
3 중단열 공법 경험이 있는
  광주 지역 시공사와 최종 계약

착공 - 땅 치환 및 기초 타설

1 기존 대지의 지내력地耐力
  문제로 땅 치환 진행
2 땅 치환 뒤 지내력 확보
3 기초 배근 및 타설

벽체 배근 및 거푸집 설치

1 내부 콘크리트 마감을 위한
  중단열 공법

규준틀 설치

땅 치환

기초 배근

벽체 거푸집 설치

단열재 설치

벽체와 지붕 타설

벽체 거푸집 탈형
바닥 무근콘크리트 타설 및 탈형

1　벽체 거푸집 탈형
2　지붕 동바리는 콘크리트 강도
　　고려 유지

지붕 방수 공사 및
주변 마당 정지 작업
동바리 해체 및 콘크리트 면 보수

콘크리트 면 확인 및
보수 정도 결정

N

"콘크리트 데크의 일부를
원형으로 바꾸고 그곳에 나무를
심어 가족과 함께 돌보는 건
어떨까요?"

A

"거칠어서 좋아요. 크고 작은 홈과
깨진 모서리도 메우지 않고 그냥
두면 좋겠어요."

옥상 방수

지붕 배근

뒷마당 정지 작업

벽체 거푸집 탈형

거푸집 설치 완료

콘크리트 면 확인

전체 동바리 해체

타설

바닥 무근콘크리트 타설

콘크리트 면 보수 정도 논의

창호 설치
내부 가구 공사

1　내부 합판 붙박이 가구 및
　　문 제작

N

"창호 프레임 색은 콘크리트보다
한 톤 진한 회색으로 골랐습니다.
콘크리트 건물과 어색하지 않게
잘 어울릴 겁니다."

조경 식재

1　히어리, 억새 그리고
　　가족나무로 계수나무 식재

N

"조경은 입주하면서 한번에
다 완성하기보다는 이곳에서
계절을 지내고 직접 가꾸시면서
점차 보완해가시면 좋을 것
같습니다."

준공

1　가족 입주
2　우편함 설치

A

"아홉칸집이 탄생하는 모든 과정을
아빠, 엄마와 함께 지켜봤으니
인생을 허투루 살진 않겠죠.
그런 믿음이 있어요."

창호 설치

조경 식재 계획도

미닫이 나무문 설치

계수나무 식재

10월 완공 사진

나왕 합판 가구 및 문 제작

건축주 부부 직접 뒷마당 조경 식재

우체통 설치